AF299075

8° L³m
3249

DES

COMBATS DE CORSAIRES

A LA

GUERRE SOUS-MARINE

DES

COMBATS DE CORSAIRES

A LA

GUERRE SOUS-MARINE

386

8° Lm³ 3249

Ces lignes, destinées à la famille pour y perpétuer le souvenir du passé, ont été écrites en février 1919.

Rien, à cette époque, ne laissait prévoir les événements qui devaient se produire à la fin de l'année : au mois de décembre 1919, M. CHARLES LE BORGNE, dont la santé était ébranlée par un surmenage de quatre années, dut, sur l'avis formel de ses médecins, se résigner à abandonner son entreprise, alors en plein épanouissement. Il céda à deux de ses Directeurs la presque totalité de ses intérêts dans la Société des Etablissements CHARLES LE BORGNE. Mais, voulant avant tout conserver pour lui et ses enfants la propriété exclusive du nom dont il est fier à juste titre, il tint à exiger de ses acheteurs l'engagement formel qu'ils changeraient dans un délai déterminé le nom de la Maison ; ce changement est aujourd'hui chose faite.

Continuant les traditions familiales, M. CHARLES LE BORGNE reste armateur, comme l'ont été tous les LE BORGNE, depuis deux siècles ; auprès de lui ses enfants travailleront à donner à l'antique Maison un éclat digne de son passé.

Janvier 1921.

IL ne paraît pas exagéré de dire que le commerce a « une noblesse » ainsi que la société, et que certaines maisons de commerce sont « de haute lignée » tout comme certaines familles; et nul n'hésiterait à faire rentrer dans cette catégorie une maison qui a près de deux siècles d'existence, qui a été dirigée depuis sa lointaine origine par des membres successifs de la même famille, qui n'a cessé d'étendre et d'améliorer son entreprise commerciale en la tenant toujours au niveau des progrès et des idées de chaque époque, qui a eu sa page glorieuse au cours de la grande guerre, et qui, surtout, a su mériter dans le monde du commerce une réputation de probité et de loyauté qui fait son honneur tout en la plaçant dans les premiers rangs.

Tel est le cas de la maison LE BORGNE, actuellement constituée en société sous la dénomination :

ETABLISSEMENTS CHARLES LE BORGNE

Fécamp fut le berceau de cette antique maison normande, qui peut être fière de sa généalogie :

CHARLES-JEAN LE BORGNE.........	1735-1759
CHARLES-GUILLAUME LE BORGNE.....	1759-1786
CHARLES LE BORGNE..............	1786-1825
AUGUSTIN LE BORGNE.............	1825-1848
AUGUSTIN-CHARLES LE BORGNE......	1848-1891
A. LE BORGNE et ses fils...........	1891-1902
LE BORGNE Frères................	1902-1908
CHARLES LE BORGNE..............	1908-1913
CHARLES LE BORGNE et Cie.........	1913-1918
Etablissements CHARLES LE BORGNE.	1918.

4

Les Le Borgne sont issus d'une vieille famille fécampoise dont plusieurs descendants furent, au XVIᵉ, XVIIᵉ et XVIIIᵉ siècles, les premiers négociants de Fécamp.

Sur les premiers ancêtres — à part quelques souvenirs tout intimes, — il ne reste guère d'authentiques que les titres qui établissent leur filiation et leur classement dans la haute bourgeoisie fécampoise. Le trait d'union entre eux et la génération actuelle est établi par M. Charles Le Borgne, l'aîné, arrière-grand-père de M. Charles Le Borgne, le chef actuel de la maison.

En 1898, lors de la célébration du cinquantenaire commercial de M. Augustin-Charles Le Borgne, petit-fils de M. Charles Le Borgne, l'aîné, de fort intéressants souvenirs ont été groupés et présentés en une petite brochure par les soins de M. Léon Hare, secrétaire en chef de la mairie de Fécamp. Ils valent d'être ici rappelés.

CHARLES LE BORGNE, L'AINE

(1786-1825)

M. Charles Le Borgne, l'aîné, qui était doué d'une prodigieuse activité, a marqué brillamment sa page dans l'histoire de la ville de Fécamp.

Il avait assisté aux derniers moments de la royauté et salué avec enthousiasme l'aurore de la Révolution; ce fut lui qui, de concert avec MM. Marcotte, Massif, Desportes, Bérigny et plusieurs autres, rédigea et signa, le 5 mars 1789, le cahier des doléances, remontrances et représentations du Tiers-Etat de la Ville et Communauté de Fécamp aux Etats-Généraux où l'on lisait, entre autres critiques des abus de l'ancien régime, cette phrase si juste et en même temps si cinglante pour les seigneurs de l'Abbaye Royale de Fécamp :

« Que dirons-nous de cette foule d'autres impôts dont la nomenclature barbare effraie l'imagination

autant qu'elle fatigue les oreilles : taille, taillons, cor-
vée, accessoires, capitation noble, capitation rotu-
rière, taillable, industrie, grandes et petites entrées,
grande et petite gabelle, regrat, subvention, jauge,
courtage, trop bu, trop peu bu, et tant d'autres du
langage fiscal, intelligible à ses seuls agents. Parle-
rons-nous de ces droits particuliers à une ville, à une
province, qui les rend comme étrangères les unes aux
autres, de ces barrières, de ces visites à chaque
porte, etc., etc., de cette rouille féodale, de ces bana-
lités odieuses si onéreuses dans le moment actuel?
Avec quelle douce satisfaction nous entrevoyons la
lueur d'un plus beau jour!... »

CHARLES LE BORGNE n'avait pas trente ans qu'il
avait épuisé la série des charges électives, administra-
tives et consulaires; on le voit tout à la fois vaquer à
ses propres affaires, qui étaient multiples et sur terre
et sur mer, et faire la course contre les Anglais, —
accepter des missions au district de Montivilliers pour
ramener des vivres à ses concitoyens affamés par la
disette, — et porter les doléances de la communauté
à la Convention nationale.

Son nom se trouve à chaque page des délibérations
du Conseil Municipal; il était de ces hommes à vues
larges et généreuses qui ne se contentent pas de marcher dans les sentiers battus, mais qui vont toujours à
l'avant-garde du progrès.

De Fécamp, bourg haché de rues étroites et
sinueuses, il voulut faire une ville florissante, avec de
vastes rues. La part qu'il prit à la discussion du plan
d'alignement pourrait faire la matière d'un gros
volume; s'il eût été écouté, une ligne de boulevards
plantés d'arbres magnifiques ceindrait aujourd'hui la
ville tout entière.

Après sa mort, ses concitoyens reconnaissants donnèrent son nom à la rue des Capucins, à l'établissement de laquelle il avait contribué par l'abandon gratuit d'une grande superficie de terrain.

Pendant la guerre contre l'Angleterre, lors de la
suspension du commerce maritime, il arma ses navires

pour la course; on peut voir encore dans les greniers du Couvent des Capucins (propriété qu'il habita rue Charles-Le Borgne et qui est encore occupée aujourd'hui par M. Augustin Le Borgne, son arrière-petit-fils), des quantités considérables de comptes de prises; on trouve également dans son jardin, des canons provenant de ces hardies entreprises.

On se battait alors comme des lions, autant pour les bonnes aubaines de ces chasses maritimes que par haine contre l'Anglais, notre ennemi d'alors, notre ami d'aujourd'hui.

Les jeunes, inhabitués à ces luttes épiques, avec pour armes la hache d'abordage, éprouvaient bien un peu le frisson de la « petite mort »... C'est ce que dût ressentir une des nouvelles recrues de M. Charles Le Borgne, lorsqu'un jour le bateau qu'il montait parvint à jeter le grappin sur un fort bâtiment anglais.

Voyant ses camarades s'élancer hardiment sur l'ennemi et engager un terrible corps-à-corps, notre matelot descendit prudemment à fond de cale où il se tint coi tout le temps que dura le combat. Puis quand les bruits se furent apaisés et qu'il jugea que la bataille devait être terminée, il remonta doucement et passant la tête par le capot, il s'écria d'une voix retentissante :

« J'prenons-t'y ou j'sommes-t'y pris? »

Le novice de l'époque devint peu après un audacieux corsaire et fit souche à son tour de bons et solides marins; c'est de son petit-fils, l'excellent pilote Caron, que M. Léon Hare tenait l'anecdote.

Bien que de nombreuses années se soient écoulées depuis la mort de Charles Le Borgne, son souvenir est resté gravé dans beaucoup de mémoires.

C'est à un sentiment de reconnaissance perpétué dans la famille, qu'obéissait Dessolle, le menuisier de la rue Charles-Le Borgne, lorsqu'il disait, un jour, au chef de la maison actuelle :

« Ma famille est dévouée à la vôtre pour toujours, et croyez-moi, ça ne date pas d'hier. Votre arrière-grand-père a fait exempter le mien du service militaire et voici comment :

« Quand Bonaparte vint à Fécamp (c'était le 9 novembre 1802), M. CHARLES LE BORGNE alla le trouver et lui dit :

« Vous faites la guerre aux Anglais, mais moi aussi; j'ai une grâce à vous demander : Dessolle est un bon marin dont j'ai le plus grand besoin; pouvez-vous me le laisser? Et le Premier Consul de lui répondre :

« Puisque vous le désirez gardez-le. »

On connaît cet événement considérable, dont la relation a été faite par M. Leporc, l'ancien Conservateur de la Bibliothèque municipale de Fécamp.

Il y est dit que le Premier Consul ne fit qu'un très court séjour à Fécamp (une heure et demie environ), laissant aux habitants le regret de l'avoir possédé si peu de temps et que la rapidité de sa marche ne lui avait pas permis de visiter le port sur lequel il paraissait, d'ailleurs, n'avoir pas reçu de renseignements bien exacts.

Le narrateur eût pu ajouter que cette trop courte visite ne fut pas du goût de ceux qui avaient élevé des arcs de triomphe en l'honneur du Premier Consul, sous lesquels il négligea de passer, donnant l'ordre de marcher « tout droit ».

Ce mécontentement se traduisit même par une chanson — tout ne se termine-t-il pas en France par des chansons? — dont voici l'un des couplets. La rime n'est pas... millionnaire :

> *Passant en cabriolet,*
> *Tout dret,*
> *Dans Fécamp qui élevait,*
> *Bien dret,*
> *Un arc au marché des Hallettes,*
> *V'la-t-y pas qu'il dit : « Valet fouette »*
> *Et sans regarder, fait une pirouette,*
> *Tout dret,*
> *Ah ! s'il revenait, s'il revenait,*
> *Laissons-le passer..... tout dret !*

C'était à l'époque où CHARLES LE BORGNE avait une véritable flotte de long-courriers qu'il expédiait sur tous les points du globe. Les armateurs au long-cours n'étaient point ce qu'ils sont aujourd'hui, des entrepreneurs de transports; ils étaient propriétaires de la marchandise embarquée sur leurs navires et allaient la vendre au loin, à leurs risques et périls; il y a, dans les livres de la maison, maints comptes d'achats, notamment d'articles de Paris, que les capitaines échangeaient avec les indigènes de la Côte d'Ivoire contre de la poudre d'or et des défenses d'éléphants.

CHARLES LE BORGNE fit fabriquer un jour, dans les environs de Fécamp, des sabots en bois, en quantité assez considérable pour remplir un navire. Ce chargement fut vendu au Canada et le navire revint avec une cargaison de pelleteries qui fut vendue moyennant le prix de 750.000 francs, représentant aujourd'hui plus de quatre millions.

La maison LE BORGNE s'occupait déjà en dehors des armements, du commerce des charbons de terre.

Pendant le blocus continental, il fallut remplacer les charbons anglais, et comme les mines du Nord n'avaient pas encore laissé deviner leurs grandes richesses, il devint nécessaire de les demander aux mines de Saint-Etienne.

Les charbons venaient jusqu'à Rouen, Caudebec ou Lillebonne, par bateau; de là, ils étaient chargés sur voitures pour Fécamp; le baril de charbon pesant environ 80 kilogrammes, se vendait 24 francs, soit 300 francs par tonne!...

CHARLES LE BORGNE, dont la carrière avait été si admirablement remplie, mourut à Fécamp, en 1825.

Il était encore à cette époque Président du Tribunal de Commerce, où plusieurs fois déjà il avait été porté par la confiance que ses concitoyens professaient pour son intégrité, sa modération et la grande dignité de sa vie. Il avait fait construire dans Fécamp beaucoup de maisons qui sont encore les plus belles de la ville et était propriétaire d'un grand nombre d'immeubles.

Il était également, par une assez curieuse coïncidence, Vénérable de la Loge Maçonnique la « Triple-Unité » et Président du Conseil de Fabrique de l'Eglise Saint-Etienne.

La famille a retrouvé dans ses archives le discours suivant qui fut prononcé à ses obsèques :

« Quel est donc ce charme invincible qui, après tant de regrets donnés à un malheur profond, ramène toujours avec un nouvel intérêt, nos esprits au souvenir de nos pertes, et nous fait trouver une douce consolation dans ce qui semble destiné à perpétuer nos douleurs ?

« Ah! quand les plus touchantes idées s'attachent à ce souvenir, quand il nous retrace des vertus qui honorent l'humanité, quand il nous rappelle surtout un de nos semblables devenant, par sa générosité et son dévouement, l'appui et le défenseur de ses concitoyens, est-il étonnant que fiers de la réputation brillante qu'il s'était acquise, nous cherchions à nous rapprocher de la tombe qui le recèle, et que nous trouvions quelques charmes dans le souvenir du coup fatal qui le ravit à nos espérances.

« A Sparte, dans ce pays où la reconnaissance inspira tant de grandes idées pour honorer la mémoire des morts, c'est ainsi que s'exprimaient les regrets à l'égard de ceux qui avaient été utiles à leurs concitoyens : souvent, et long-tems après leur mort, leurs amis, leurs parens, leurs enfans se réunissaient sur leur tombe; un Vieillard prenait la parole et racontant simplement les vertus de celui qu'ils venaient pleurer, il tempérait l'amertume de leurs regrets, et les enflammait de cette généreuse émulation, source des plus grandes choses.

« Sublime émulation! sentiment vainqueur de tout ce qui rabaisse l'humanité, et conservateur de tout ce qui l'élève et l'honore, c'est ton empire que je viens affermir ici par la peinture des vertus que déploya l'ami dont nous honorons la mémoire : ce n'est point un vain éloge que j'entreprends; et qu'importent à une cendre froide et insensible les regrets et les louanges des hommes! assez long-tems nos larmes ont coulé sur le triomphe orgueilleux de la mort, que nos âmes saisies du noble transport qu'inspire l'émulation, s'approprient les vertus dont il fut le modèle, et c'est ainsi que nous honorerons dignement sa mémoire, et que nous changerons un jour de deuil, en un jour utile à l'humanité.

« LEBORGNE, dont l'âme noble et généreuse fut sans cesse occupée du bonheur de sa famille et de ses amis, réunissait, aux qualités du cœur, toutes les vertus qui distinguent le bon citoyen; il était bon époux, bon père, ami de tous les hommes et surtout de ses frères; il fut constamment occupé à secourir le pauvre; la bienfaisance, cette vertu émanée du Ciel, remplissait son âme de voluptés pures et délicieuses; son cœur fut toujours ému à l'aspect de l'infortune et jamais il ne restait étranger au plaisir de faire des heureux. Sa maison ressemblait à ces réservoirs souterrains, destinés à contenir, avec une abondance inépuisable, des eaux qui, par des conduits invisibles et silencieux, vont, sur un terrain desséché, donner à des plantes languissantes un principe de vie, dont la source est toujours ignorée et le bienfait toujours renaissant. Il fut le protecteur de tous ceux qui, par état, s'occupaient de propager la morale et l'éducation, et ces soins contribuèrent puissamment à entretenir leur zèle et leur dévouement, il mérita et obtint, dans un intervalle rapide, plusieurs charges honorables qui lui donnèrent les moyens d'être utile à ses concitoyens.

« Hélas! qui l'eût prévu qu'à l'allégresse inspirée par la présence d'un ami que nous chérissions tous, se mêleraient nos pleurs et nos regrets! étrange condition des choses humaines! toujours un bonheur est tempéré par quelque événement fâcheux et affligeant; presque jamais nos jouissances ne sont pures et parfaites.

« Je ne retracerai pas ici les instans douloureux et rapides qui enveloppèrent des ombres de la mort l'ami des enfans de la veuve et qui le précipitèrent dans la

tombe, que d'espérances se sont éteintes dans ces instans funestes! que d'actions généreuses se sont per-
dues dans les horreurs du trépas! ah! si les jours de
l'homme sont comptés devant l'Eternel, du moins
était-il permis à nos cœurs de croire à la longue vie de
celui qui avait si dignement servi son pays. »

*
* *

Le fils aîné de CHARLES LE BORGNE alla s'établir à
Dieppe. C'est la branche qui a été appelée les
LE BORGNE de Dieppe, au nombre desquels figurent :
M. EMILE LE BORGNE, qui fut ingénieur, fondateur avec
M. Lebon, de la Compagnie Centrale du Gaz, Sous-
Préfet de Dieppe en 1848 et jeté à Mazas au Coup
d'Etat de 1851; M. ERNEST LE BORGNE, son frère,
savant des plus distingués, qui joua également un rôle
important à l'Hôtel de Ville de Paris en 1848. Les trois
filles devinrent Mmes Chesnée, Lemoine et Héaume;
Mmes Chesnée et Lemoine quittèrent Fécamp. La maison
de commerce fut partagée entre M. Héaume qui s'occupa de la fabrication de la soude et prit les Consulats,
et le fils cadet, M. AUGUSTIN LE BORGNE, qui s'occupa
des armements, des charbons, des fers, etc.

AUGUSTIN LE BORGNE
(1825-1848)

Au décès de M. CHARLES LE BORGNE, en 1825, la
direction de la maison passa entre les mains de M. AU-
GUSTIN LE BORGNE, qui resta à sa tête jusqu'en 1848.

Il arma un navire pour le long-cours, l'*Industrie*,
et quatre autres pour la pêche à Terre-Neuve; ces derniers s'appelaient *L'Aimable-Célina, La-Courageuse-
Eugénie, La Bonne-Elisa* et le *Jeune-Augustin*, du nom
de ses quatre enfants, que cette aimable attention asso-
ciait plus intimement encore à la fortune paternelle.
Il fut conseiller municipal, juge au tribunal de commerce, consul de Portugal, d'Autriche, des Pays-Bas
et membre de diverses sociétés.

Il consacra passionnément ses loisirs de négociant

aux questions locales, et son intervention fut décisive dans un grand nombre d'améliorations.

Les idées de M. Augustin Le Borgne père, étaient du reste toujours fort justes et ses conseils fort recherchés.

Charles Le Borgne, l'aîné, avait laissé une grosse fortune mais aussi un nombre respectable d'enfants; du cinquième qui lui revint de l'héritage paternel, son fils, qui n'eut pas le même succès dans le commerce, ne put à son tour léguer à ses quatre enfants qu'un très modeste avoir.

AUGUSTIN-CHARLES LE BORGNE

(1848-1891)

En 1848, M. Augustin-Charles Le Borgne devint chef de la maison qu'il a dirigée seul jusqu'en 1891. Ses débuts, certes, ne furent pas faciles et il eut de nombreux assauts à livrer pour dompter la fortune. Mais son labeur opiniâtre sut lui assurer le dessus et on put constater, depuis lors, les succès toujours grandissants de cette maison où la probité est la règle de toutes les transactions, où règnent l'ordre, l'initiative et le travail incessant, et où le personnel encouragé, rivalise de zèle et de dévouement. M. Augustin-Charles Le Borgne fut, d'ailleurs, secondé dans son travail par ses trois fils, MM. Charles, Augustin et Pierre Le Borgne, qui étaient les premiers à donner l'exemple du respect et de la soumission envers le Chef, secondé aussi par une épouse dont on a pu dire que le succès était entré avec elle dans la maison, au point que l'anniversaire du mariage (10 février 1863), était célébré chaque année comme une date bénie. Et, dans sa brochure du Cinquantenaire dont nous avons parlé, M. Léon Hare se plaisait à souligner avec quelle ardeur cette jeune femme se mit dès le lendemain de son mariage, aux affaires commerciales, avec quelle énergie et quelle intelligence elle put mener de front le travail du bureau et l'éducation de ses enfants, avec quelle sereine confiance elle sut apaiser les soucis de la vie commerciale de son mari et ses émotions de gros entrepreneur, toujours à la merci d'une erreur.

M. Augustin-Charles Le Borgne était un de ces hommes qui allient à une extrême prudence, des hardiesses qui touchent à la témérité.

Jamais il n'entreprenait rien qui n'ait été mûrement et longuement réfléchi; mais quand il passait du conseil à l'action, il allait jusqu'au bout, parce que sa conviction était faite, et il arrivait coûte que coûte, à la réalisation de ses projets.

Il était bien le digne petit-fils de Charles Le Borgne, par la multiplicité de ses conceptions, sa largeur de vues et ce besoin dévorant de toujours produire.

Il faisait un jour les charbons, il y ajoutait le lendemain les cokes, les fers, puis les sels, puis les ciments; un autre jour il se révélait entrepreneur de travaux publics, portant son activité à la fois dans un grand nombre de ports : Ostende, Dunkerque, Boulogne, Dieppe, Le Havre, les ports du Calvados et entretenant partout, quelles que fussent l'importance et la difficulté des travaux, d'excellentes relations avec les ingénieurs; puis il était armateur à la grande pêche; il fit du remorquage; une autre fois on le vit grand propriétaire de fermes, importateur et exportateur, suivant les besoins du moment; mais ne croyez pas qu'il brûlait un jour ce qu'il avait adoré la veille! Non, chaque sorte d'industrie venait s'ajouter aux autres et... restait; ce n'était qu'un chapitre de plus dans le grand-livre de la maison. Au début de 1898, le Conseil d'Administration de la Compagnie Européenne du Gaz à Londres, votait à M. Augustin-Charles Le Borgne, une médaille d'or grand module, en souvenir de trente-cinq années ininterrompues de loyales et agréables transactions avec elle, et chargeait M. Williams, son directeur général, de la lui remettre personnellement. Combien peu de chefs de maison pourraient s'enorgueillir d'une pareille marque d'estime!

Longtemps, M. Augustin-Charles Le Borgne mena cette vie de surmenage, que rien n'arrêtait ou ne lassait; pour lui le travail était devenu une nécessité de son tempérament, et c'est à l'époque où la généralité des hommes éprouve le besoin de se reposer qu'il chercha de nouveaux aliments à son activité débordante.

C'est en effet, en 1881, à l'âge de cinquante-six ans, qu'il entra dans la vie publique, avec le mandat de conseiller municipal de Fécamp; il avait, quelques années auparavant, accepté les fonctions d'administrateur du bureau de bienfaisance, de directeur de la Caisse d'Epargne et d'ordonnateur de l'Hospice. Ce fut dans ces dernières fonctions que M. AUGUSTIN-CHARLES LE BORGNE se révéla à ses concitoyens comme excellent administrateur, d'un dévouement à toute épreuve. Tout en apportant d'importantes modifications à un établissement où le *statu quo* paraissait la règle absolue et où l'Administration civile avait perdu à peu près toute autorité il sut toujours entretenir avec la communauté des rapports courtois, presque affectueux.

Il fut nommé adjoint au début de 1882, mais la nouvelle loi sur l'élection des maires permit à la majorité réactionnaire du Conseil, de le remplacer deux mois à peine après sa nomination.

On sait combien les luttes politiques furent vives à Fécamp, de 1877 à 1884; il y eut, et surtout en 1881, au Conseil Municipal, certaines séances orageuses dont on a gardé le souvenir.

Mais à cette distance, les événements dégagés des passions qui mettaient les adversaires aux prises, ont perdu de leur aigreur, à quoi bon les remuer, si, de part et d'autre, on était persuadé de servir une cause juste?

M. AUGUSTIN-CHARLES LE BORGNE affirma avec son ardeur coutumière, sa foi républicaine.

C'est rendre justice à sa mémoire que de dire qu'il fut, en compagnie de quelques autres, dont les noms sont bien connus à Fécamp, le grand artisan de cette levée en masse du suffrage universel, qui, le

4 mai 1884, porta au Conseil Municipal, une représentation entièrement républicaine.

Ce fut une belle victoire! Elle eut son lendemain pour M. Le Borgne, qui, par 25 voix sur 26 votants, fut élu Maire de la Ville de Fécamp.

Par quatre fois dans la suite, le Conseil Municipal lui renouvela à l'unanimité son mandat.

Quel plus bel éloge pourrait-on faire de cet homme si les nombreuses manifestations des grands progrès de toutes sortes, accomplis sous son administration, n'étaient là comme autant de témoins pour justifier la confiance dont ses collègues l'ont honoré!

Lorsque, le 13 mars 1892, M. Viette, Ministre des Travaux Publics, attacha sur la poitrine de M. Augustin-Charles Le Borgne, l'insigne glorieux de la Légion d'honneur, il récompensa tout à la fois le travail et le dévouement à la chose publique.

Les services rendus à la Ville de Fécamp durant de nombreuses années, furent l'œuvre commune du Conseil Municipal et de son Maire; ce dernier, en affirmant maintes fois que le bien accompli pendant cette longue période était dû à l'union qui a toujours régné entre les Membres du Conseil, a caractérisé lui-même son administration, qui aura été l'une des plus longues, comme elle aura été aussi la plus féconde en résultats heureux jusqu'à ce jour.

Le 28 août 1898, en une fête brillante quoique intime, fut célébré, en sa propriété du Bailliage d'Ecrainville, le cinquantenaire commercial de M. Augustin-Charles Le Borgne. Cette touchante manifestation, à laquelle prirent part, en outre de la famille et de quelques amis, le personnel de la maison de commerce, les adjoints et les chefs du bureau du secrétariat de la Mairie de Fécamp, est restée dans le souvenir de tous ceux qui y assistèrent, et démontra hautement l'estime et l'attachement qu'avait su mériter le héros de la fête durant sa longue carrière commerciale.

A. *LE BORGNE ET SES FILS*

(1891-1902)

Après une carrière aussi exceptionnellement bien remplie, et malgré la verdeur de sa belle vieillesse, M. Augustin-Charles Le Borgne, qui avait si brillamment dirigé sa maison de commerce pendant cinquante-quatre années, d'abord seul de 1848 à 1891, puis en association avec ses deux fils, MM. Charles et Augustin Le Borgne sous la raison sociale « A. Le Borgne et ses Fils » se retira des affaires en 1902 et laissa la direction de la maison à ses deux fils, sous la raison sociale « Le Borgne Frères ».

LE BORGNE FRERES

(1902-1908)

Peu après, ceux-ci décidèrent d'ajouter à leur commerce celui de la morue, et firent installer sur le quai, de la Vicomté, à Fécamp, une vaste et importante usine de sécheries. Innovation hardie qui avait pour résultat de déplacer le centre du marché de la morue par l'application d'un procédé de séchage permettant de n'être plus tributaire du soleil. Innovation bienfaisante et morale aussi, en ce qu'elle permettait aux marins de Fécamp de rentrer dans leur famille dès leur retour au port, après les campagnes de pêche.

Jusqu'alors, en effet, la morue n'était séchée qu'au soleil et les sécheries ne pouvaient, par conséquent, fonctionner que dans le Midi.

C'était un grand dommage pour tous les ports d'armement du Nord. Au retour d'une longue et fatigante campagne sur les bancs, les navires étaient encore obligés de se rendre à Bordeaux ou en Méditerranée, pour y livrer leurs produits, retardant ainsi d'un mois ou deux le retour au port.

On devine si nos braves marins, après sept ou huit mois de mer, dépensaient rapidement dans les grandes villes la solde de leur campagne.

Pour essayer de remédier à cet état de choses, déploré par toute une population maritime, MM. Le Borgne Frères, après de nombreuses recherches. réussirent à mettre en pratique un procédé de séchage qui devait donner bientôt des résultats vraiment magnifiques, tout en procurant aux marins fécampois le bienfait pécuniaire et moral dont nous parlions.

C'est ce que constatait, dans les termes suivants, M. R. Duglé, maire de Fécamp et conseiller général, en une communication faite à une délégation de la Commission Parlementaire du Commerce et de l'Industrie, qui s'était rendue à Fécamp, le 20 janvier 1908, pour faire une enquête sur le commerce de la morue et les avantages que devait apporter à cette industrie une proposition de loi de M. Jules Siegfried, relative aux exportations de morue sèche par voie ferrée.

DISCOURS DE M. DUGLE,

Maire de Fécamp

« Nos climats du Nord ne se prêtent guère au séchage de la morue, et c'est dans le Midi, et notamment à Bordeaux, que les Armateurs étaient obligés d'envoyer leurs navires, pour y livrer leurs chargements.

« La presque totalité des bateaux faisait donc retour sur Bordeaux; là, après une longue campagne de labeurs et de privations de toutes sortes, le marin se trouve jeté au milieu des plaisirs et des tentations que lui offre la grande ville; il dépense sans compter le gain si péniblement obtenu, et ce, malheureusement au détriment de sa santé, car, faut-il le dire, il n'est pas toujours bien portant lorsqu'il revient au milieu des siens : aussi c'est à ce moment la misère au foyer

où aucune joie n'égaie le retour de l'époux, où fait défaut l'argent sur lequel on comptait pour donner à la famille un peu de bien-être : aura-t-elle même le pain de chaque jour?

« Au contraire, le retour direct des Terre-Neuviers dans les ports d'armement est aujourd'hui, pour la plus grande partie de notre flotte fécampoise, un fait accompli, et nous sommes convaincus que d'ici quelque temps, il en sera ainsi pour la généralité des navires pêcheurs de Saint-Malo, Saint-Servan, Granville, Cancale.

« Aujourd'hui, nos marins trouvent, en revoyant la France, cette famille à laquelle ils ont sans cesse pensé; ils partagent avec elle la joie du retour, et trouvent immédiatement à leur foyer, de saines affections où ils se réconfortent des longs mois d'absence; ils apportent enfin chez eux le véritable bien-être qui doit être le fruit de leurs travaux.

« Ce résultat ne pouvait être acquis que par l'établissement de sécheries de morues dans le Nord, et c'est l'installation de la nouvelle sécherie mécanique de Fécamp qui l'a permis. »

*
* *

Quant au procédé de séchage innové par MM. Le Borgne Frères, en voici le principe :

La morue est séchée par absorption entre des toiles de coton, qui, s'imprégnant peu à peu de l'eau contenue dans le poisson, sont enlevées dès qu'elles sont humides et remplacées mécaniquement par d'autres toiles plus sèches, jusqu'à ce que la morue ne contienne presque plus d'eau.

De vastes ateliers pour la réception et le triage de la morue verte, le lavage mécanique, le séchage, la préparation, l'emballage, l'expédition, sont remplis d'un personnel féminin d'une activité dévorante et d'une habileté de main très remarquable : la marche des machines, l'allée et venue des wagonnets, l'entrain général, captivent vivement l'attention des visiteurs.

En deux ou trois applications de vingt-quatre heures, la morue est généralement prête. En augmentant le nombre des applications, on atteint un degré de siccité que ne connaissent pas les sécheries au soleil, et qui permet d'affronter les pays les plus éloignés et les climats les plus chauds.

L'avantage de ce système est non seulement de pouvoir produire de grosses quantités d'une façon régulière et quelle que soit la température, mais aussi de donner un poisson remarquablement blanc. très apprécié par la clientèle la plus difficile.

Inutile de dire l'influence d'une telle entreprise sur l'importance du port de Fécamp. Une voix particulièrement autorisée ne tardait, d'ailleurs pas à apprécier la création de MM. LE BORGNE FRÈRES. Dans une visite faite à la sécherie, le 25 septembre 1903, par tous les membres de la Chambre de Commerce de Fécamp, M. BELLET, Président de cette Assemblée, s'exprimait ainsi :

DISCOURS DE M. BELLET,

Président de la Chambre de Commerce de Fécamp

« Je suis certain d'être l'interprète de tous les membres de la Chambre de commerce de Fécamp, en remerciant notre collègue, M. CHARLES LE BORGNE, et son frère, M. AUGUSTIN LE BORGNE, d'avoir bien voulu nous inviter à visiter leur sécherie.

« Cet établissement que nous venons de parcourir, et dont vous avez pu admirer le magnifique agencement, dans tous ses détails, puisque nous l'avons visité, on peut le dire, de la cave au grenier, constitue aujourd'hui une usine de premier ordre, capable de fournir une formidable production, puisque dès aujourd'hui, on peut y préparer par jour 20.000 kilos de morue, et que ces Messieurs ont l'intention d'augmenter encore leur matériel, pour faire sécher 5o tonnes en une journée. Chaque chose y est si bien à sa place que l'on pourrait croire que cet établissement a été édifié pour l'usage auquel il sert en ce moment, et cependant, il n'en est pas ainsi, vous le savez, puisque vous l'avez tous connu lorsqu'il était encore la scierie Fréret. »

M. BELLET, après avoir rappelé les efforts faits par la Chambre de commerce pour favoriser le développement du trafic des morues à Fécamp, ajoutait :

« C'est également à la Chambre de Commerce que vous devez qu'une branche très intéressante de votre industrie ait eu satisfaction, pour la franchise des sels nécessaires au repaquage en tonne de vos morues, venant en vrac de Terre-Neuve ou d'Islande.

« Le résultat de tous les efforts que je viens de citer a eu pour effet la création d'une industrie nouvelle à Fécamp.

« Le repaquage en tonnes des morues venant en vrac et la vente par nos négociants d'une quantité considérable de ces marchandises, a eu pour conséquence « la création par MM. LE BORGNE FRÈRES, d'une maison à Saint-Pierre-Miquelon, pour y faire les opérations d'achat et de transport de morues sur France, et sur Fécamp en particulier, et ensuite *l'achat par cette maison de presque la totalité des chargements venus d'Islande en Bretagne.*

« En dehors du trafic dont profite votre Port, notre population est d'autant plus heureuse que la venue des Islandais et des transports de morues de Terre-Neuve arrivent à une époque où nos bassins sont habituellement déserts, et nous avons eu la bonne fortune de recevoir cette année une vingtaine de chargements en août et septembre.

« Je puis signaler ce fait, assez rare pour qu'il soit mentionné, que toutes les places à quai du bassin Bérigny furent un jour occupées par des Islandais, et un vapeur de charbon, *tous venus pour le compte de la maison LE BORGNE Frères.*

« Enfin, cet hiver, en dehors de plusieurs navires

qui viendront pour le compte de leurs armateurs, un grand nombre de terre-neuviers reviendront directement à Fécamp pour alimenter la sécherie que nous venons de visiter.

« Nous souhaitons donc à cette nouvelle industrie, la plus grande prospérité, et nous vous félicitons. MM. Charles et Augustin Le Borgne, de l'avoir créée à Fécamp.

« Mais je veux et je dois associer à mes félicitations, notre ancien collègue et ami, votre vénéré père. M. Augustin Le Borgne. Si vous êtes aujourd'hui à la tête d'une maison industrielle et commerciale de premier ordre, nous ne devons pas oublier qu'il en était le chef il y a encore bien peu de temps, que c'est lui qui l'a faite ce qu'elle est, et si vous êtes, Messieurs, à même d'agrandir cette importante maison, c'est qu'il vous a donné, en dehors des capitaux nécessaires, l'exemple du travail, qu'il vous a élevés tous deux d'une façon virile, vous donnant une éducation commerciale, en vous associant de bonne heure à ses œuvres, et en faisant de vous, en un mot, des hommes d'action et de progrès.

« Au nom de la Chambre de commerce de Fécamp, j'adresse nos félicitations et nos remerciements les plus sincères à M. Le Borgne père, et à ses fils, MM. Charles et Augustin Le Borgne. »

*
* *

Cette appréciation si autorisée de leur initiative, MM. Le Borgne Frères eurent l'avantage, quelques mois plus tard, de la voir consacrée, d'une façon plus officielle encore, par un représentant du gouvernement lui-même.

M. Doumergue, Ministre des Colonies, invité par la Municipalité et la Chambre de Commerce de Fécamp, vint, le 24 juillet 1904, présider la cérémonie d'inauguration de la nouvelle Digue-Promenade.

La fête fut extrêmement brillante. Le cadre, d'ailleurs, s'y prêtait à merveille : le port, dont les navires avaient arboré le grand pavois, avait un aspect des plus pittoresques; la ville était décorée d'une façon vraiment artistique, et une affluence considérable de touristes, de baigneurs des environs, et de pêcheurs, donnait à la jolie ville normande une animation extraordinaire.

Bien que le temps de M. le Ministre fût assez limité, la Municipalité avait décidé qu'une visite à la Sécherie de Morues LE BORGNE FRÈRES, ferait partie du programme.

C'est dans l'après-midi qu'eut lieu cette visite. M. Doumergue voulut bien s'intéresser d'une façon particulière aux détails qui lui furent donnés dans chacun des ateliers du vaste établissement.

Dans une des salles d'expédition, décorée de tentures, drapeaux, agrès de pêche et des différents produits de fabrication de l'Usine, M. le Ministre, après avoir reçu deux magnifiques bouquets qui lui furent offerts au nom du personnel de l'établissement par un ouvrier et une ouvrière, voulut bien accepter le champagne d'honneur qui lui fut offert, ainsi qu'aux autres invités, par le Conseil d'Administration de la Société des Sècheries de Morues de Fécamp.

M. LEBLOND, Maire de Rouen, Président du Conseil d'Administration, adressa alors à M. le Ministre l'allocution suivante.

DISCOURS DE M. LEBLOND,

Maire de Rouen

« Monsieur le Ministre,

« Au nom du Conseil d'Administration et de tout le personnel de la Société Anonyme des Sècheries de Morues de Fécamp, j'ai l'honneur de vous souhaiter la bienvenue dans cet établissement.

« En inscrivant dans le programme de cette journée si bien remplie votre visite à la Sécherie, la Municipalité a pensé que vous seriez intéressé par l'étude des nouveaux procédés employés pour le séchage des morues, et que cet établissement, qui apporte par sa création un nouvel élément de prospérité à la belle cité Fécampoise, était digne de votre visite.

« Nous vous remercions sincèrement, Monsieur le Ministre, d'avoir partagé son sentiment, comme nous remercions M. le Maire de Fécamp de son heureuse initiative.

« Permettez-moi de remercier aussi toutes les Autorités et Notabilités qui ont bien voulu se joindre à nous pour augmenter l'éclat de notre réception; nous leur en sommes infiniment reconnaissants.

« Je remercie particulièrement Messieurs les Armateurs d'être venus aussi nombreux, témoignant ainsi du lien étroit qui unit leur industrie à la nôtre.

« De fondation récente, notre établissement est l'œuvre de MM. CHARLES et AUGUSTIN LE BORGNE, dignes descendants d'une vieille famille de négociants et armateurs fécampois, continuateurs des traditions de haute honorabilité commerciale et d'initiative intelligente que leur ont transmis depuis plus d'un siècle leurs ancêtres et leur père, ici présent.

« Des voix plus autorisées que la mienne pourraient vous retracer la vie toute d'honneur et de probité commerciale de M. LE BORGNE père, qui sut, à côté de ses devoirs professionnels, consacrer une large part de sa vie et de son intelligence au service de ses concitoyens, en occupant avec distinction, pendant 18 ans, les honorables fonctions de Maire de Fécamp.

« Ses fils, dignes continuateurs de l'œuvre paternelle, à laquelle ils se devaient de donner toute l'extension désirable, n'ont pas hésité, dès que de nouveaux procédés de séchage de la morue furent découverts, à créer l'important établissement que vous venez de visiter.

« Ils virent là, en bons citoyens fécampois, une source de prospérité nouvelle pour leur ville, et le succès a pleinement couronné leurs efforts.

« Avant la découverte de ce nouveau procédé, le séchage de la morue s'opérait à l'air et au soleil, ce qui le rendait impossible dans nos contrées du Nord-Ouest.

« Nos pêcheurs fécampois étaient alors dans l'obligation de descendre jusqu'à Bordeaux pour y vendre les produits de leur pêche; il en résultait un supplément de navigation pour nos marins, une perte pour le port de Fécamp et un élément de travail en moins pour la ville.

« Aujourd'hui, il en est tout autrement : grâce au nouvel état de choses, nos navires peuvent apporter directement à Fécamp le produit de leur pêche. Le port de Fécamp voit par conséquent augmenter son trafic dans de notables proportions, une industrie nouvelle apporte du travail à environ deux cents ouvrières et employés de la ville.

« Voilà les avantages que la Ville de Fécamp retire de la création de la Sécherie.

« Au point de vue du commerce d'exportation, nous devons vous signaler, Monsieur le Ministre des Colonies, que, grâce au degré de siccité obtenu par notre procédé, nous pouvons sans danger exporter nos morues au-delà des régions équatoriales et approvisionner les marchés de l'Amérique du Sud et de nos colonies éloignées, où la morue se consomme en quantité considérable.

« Notre établissement peut actuellement sécher 40.000 kilos de morue par jour; c'est vous donner une idée, Monsieur le Ministre, de l'important développement que cette industrie peut donner au commerce d'exportation.

« Nous sommes doublement heureux, Monsieur le Ministre, d'être honorés aujourd'hui de votre visite, car vous connaissez maintenant la situation grave dans laquelle se trouvent aujourd'hui la pêche et les industries qui s'y rattachent. Cette situation, qui sera examinée par les Conseils du Gouvernement, trouvera en vous, nous en sommes persuadés, un défenseur aussi éclairé que convaincu.

« Messieurs, je vous invite à lever votre verre en l'honneur de M. le Ministre des Colonies. »

M. Doumergue répondit en ces termes :

DISCOURS DE M. DOUMERGUE,

Ministre des Colonies

« Monsieur le Président,

« Messieurs,

« Ma visite à Fécamp n'aurait pas été complète si je n'étais pas venu admirer cette très heureuse et superbe installation.

« C'était le complément nécessaire de l'industrie de la Grande Pêche qui existe à Fécamp et se développe d'une façon considérable.

« Vous avez suppléé au soleil. vous lui avez fait concurrence, si je puis ainsi m'exprimer, et ces progrès de la science viennent démontrer que, si elle ne fait pas bien toutes choses, elle fait quelquefois mieux que la nature.

« J'ai été heureux d'admirer votre Etablissement, heureux de rendre hommage à des hommes dont la réputation a dépassé les limites de Fécamp, car il y a longtemps que nous avions entendu parler de la Famille Le Borgne, du rôle considérable qu'elle a accompli dans l'armement Fécampois et de la place estimable qu'elle a toujours occupée dans votre ville.

« Il m'a été agréable d'entendre le témoignage rendu à cette honorable famille, de l'entendre renouveler tout-à-l'heure par M. le Maire; permettez-moi d'y associer le Gouvernement, de vous dire que je suis personnellement heureux de vous féliciter du service éminent que vous avez rendu à vos concitoyens, car vous avez servi non seulement vos intérêts particuliers, mais l'intérêt général de ce pays; vous avez servi en même temps l'intérêt général de la République.

« Je bois donc à la prospérité de cet Etablissement, à la prospérité des Armateurs et des Saleurs de Fécamp. »

Après ce discours et quelques paroles aimables au

personnel, M. le Ministre quitta l'Usine pour faire une promenade en mer.

Avant de quitter l'Etablissement, il tint une dernière fois à féliciter les fondateurs de l'intéressante Industrie du Séchage mécanique de la morue.

Il ajouta que, quoique méridional, c'était avec le plus grand plaisir qu'il constatait que cette fois-ci le Nord avait vaincu le Midi.

*
* *

Après la création de leur sécherie, MM. Le Borgne Frères résolurent de mettre cette affaire en société anonyme sous la dénomination de « SOCIETE DES SECHERIES DE MORUES DE FECAMP ».

MM. Le Borgne Frères n'innovèrent pas seulement en matière de sécheries. Leur initiative s'appliqua aussi en matière de pêche et on peut dire qu'elle a puissamment concouru à l'orientation nouvelle de la pêche à la morue au Banc de Terre-Neuve par chalutiers à vapeur au lieu de voiliers, et ce pour le plus grand bénéfice des armateurs et pour le plus grand bien-être et le moindre risque des marins qui, dans cette pêche, ne sont plus exposés aux mêmes dangers de la mer, surtout à ceux courus dans les doris, et, en outre, reviennent à terre tous les mois environ au lieu d'être en pleine mer pendant six ou sept mois. Pour arriver à ce résultat, MM. Le Borgne Frères avaient fait construire un chalutier qui, pendant assez longtemps a été le plus grand du monde, l'*Augustin-Le-Borgne*, du nom de leur père, et ils n'ont pas craint, après deux timides essais tentés par un Français et un Anglais de Terre-Neuve et qui n'avaient donné que des résultats négatifs, de l'envoyer, parfaitement armé, pêcher la morue au chalut dans l'Atlantique. Comme c'était à prévoir, cette tentative fut une mauvaise affaire financière pour ses promoteurs, mais elle eut l'énorme résultat d'ouvrir la voie à ce nouveau mode de pêche qui, presque sûrement, subsistera seul dans peu d'années d'ici.

CHARLES LE BORGNE
(1908-1913)

En 1908, M. Augustin Le Borgne, d'accord avec son frère M. Charles Le Borgne, décida de se retirer de l'association Le Borgne Frères et de prendre, pour son compte personnel, les affaires concernant les travaux publics. M. Charles Le Borgne assuma, seul, la direction des affaires de la maison de commerce.

CHARLES LE BORGNE ET Cie
(1913-1918)

ETABLISSEMENTS CHARLES LE BORGNE
(1918)

M. Charles Le Borgne resta seul en nom de 1908 à 1913; puis, en 1913, forma une société en nom collectif et en commandite simple par parts sous la raison sociale « Charles Le Borgne et Cie »; enfin, cette société a, elle-même, été, suivant les prévisions de ses statuts, transformée, à la fin de 1918, en société anonyme sous la dénomination : « Etablissements Charles Le Borgne ». Mais, de même que M. Charles Le Borgne était seul gérant de la société en nom collectif, il est administrateur unique de la société anonyme actuelle. C'est dire que, depuis 1908, M. Charles Le Borgne n'a pas cessé d'être le chef de la maison de commerce « de haute lignée » qui a eu la brillante carrière que nous venons de narrer.

Digne successeur de ceux qui l'ont précédé, il porte haut et ferme le drapeau de sa maison, il conserve jalousement à celle-ci sa précieuse réputation d'honnêteté et de loyauté commerciales, et, par son esprit d'initiative et de hardiesse comme par sa ténacité dans la poursuite des buts qu'il s'est fixés, il a su donner à son entreprise un développement et une extension tels que la maison Le Borgne compte incontestablement, à l'heure actuelle, parmi les premières maisons de commerce françaises.

Un simple détail suffira à montrer le crédit dont jouit, non seulement en France, mais à l'étranger, le nom de Le Borgne. On se doute des sommes énormes que nécessite l'achat, en Angleterre, des charbons importés par la maison Le Borgne; l'envoi d'un chèque d'un million est courant, parfois même le montant du chèque est plus élevé. Or, l'agent de la maison Le Borgne à Cardiff (Angleterre) déclarait, un jour, très nettement : « Quand je présente un chèque signé Le Borgne, on me le prend comme si c'était un billet de la Banque d'Angleterre. »

M. Charles Le Borgne a, depuis 1912, installé le siège de sa maison de commerce à Paris, mais il n'en est pas moins resté attaché à sa petite patrie, au berceau de sa famille, c'est-à-dire au port de Fécamp et à la région fécampoise. Il est membre de la Chambre de Commerce de Fécamp depuis le 7 Décembre 1902. Il est, en outre, président d'honneur du comité républicain de Goderville, vice-consul de Portugal, fondateur et président honoraire du Syndicat des chalutiers à vapeur du port de Fécamp. Il vient d'être nommé il y a quelques jours Président honoraire du Syndicat des Armateurs à la grande pêche. Il a été, durant de longues années, secrétaire de la délégation cantonale de Fécamp, administrateur de la Caisse d'Epargne de Fécamp, etc., etc...

*
* *

Mais, avant tout, M. Charles Le Borgne est armateur. Armateur comme, de père en fils, l'ont été ses aïeux depuis près de 200 ans. C'est de famille! Depuis 1735, nous l'avons dit, les Le Borgne ont armé au cabotage, à la pêche, au long cours, et même à la course. Leurs équipages se sont plus d'une fois mesurés avec nos ennemis d'alors, les Anglais, qui en ont éprouvé l'audace et la valeur. Les canons que les corsaires armés par les Le Borgne capturèrent durant la guerre contre l'Angleterre, et qui, maintenant, ornent pacifiquement le jardin du Couvent des Capucins, à Fécamp, sont là pour en témoigner.

M. Charles Le Borgne, fidèle à la tradition, a toujours cherché avec soin à ne confier ses navires qu'à des capitaines et à des équipages sérieux et courageux. Les évènements l'ont prouvé, et les citations et témoignages de satisfaction décernés aux uns et aux autres durant la grande guerre 1914-1919 font un noble pendant aux canons des corsaires.

L'ennemi a changé de nom, changées aussi ont été les formes du combat. Mais la valeur et le courage des équipages Le Borgne sont restés les mêmes que jadis : les sous-marins allemands l'ont éprouvé comme autrefois les Anglais.

La maison Le Borgne a payé hélas! son tribut à la guerre en mer : deux de ses bateaux, le *Saint-Ansbert* et le *Marie-Louise* ont été torpillés et coulés par des sous-marins allemands.

Mais, par contre, ses autres bateaux, le *Saint-Antoine-de-Padoue*, le *Radium*, le *Charles-Le-Borgne*, ont eu leur part de gloire.

Au début de 1918, le *Radium*, au cours d'un de ses voyages, manœuvra pour éviter une torpille et canonna le périscope du sous-marin qui fut contraint de s'immerger profondément.

L'enseigne de vaisseau de première classe auxiliaire, Henri Brault, commandant le *Radium*, et le navire lui-même, ont reçu un témoignage officiel de satisfaction du Ministre de la Marine.

A cette même occasion, le Comité de Répartition des fonds de la souscription nationale ouverte pour récompenser les équipages de la marine marchande qui se distinguent dans la lutte contre les sous-marins ennemis, après avoir examiné les propositions de primes établies d'après les rapports de la Direction Générale de la guerre sous-marine, rédigés à la suite d'enquêtes faites dans les ports sur les engagements entre navires de commerce et sous-marins ennemis, attribua au vapeur *Radium*, une prime de 3.100 francs.

Au cours de la même année, nouvelle prouesse et nouvelle distinction. Le vapeur *Radium* faisant partie d'un convoi qui venait de manœuvrer pour échapper à un sous-marin, revenait en tête lorsqu'il aperçut le périscope de l'ennemi; le Capitaine, ouvrant le feu aussitôt avec son artillerie, empêcha l'ennemi d'émerger, grâce à la rapidité et à la précision de son tir, et le contraignit à disparaître. À la suite de quoi, le Ministre de la Marine adressait, le 4 octobre 1918, au Commandant de la Marine à Rouen, une lettre ainsi conçue :

MINISTÈRE DE LA MARINE
—

SERVICE DU PERSONNEL
MILITAIRE DE LA FLOTTE
—

Equipages de la Flotte
Etat-Major de la Flotte
—

Paris, le 4 octobre 1918.

LE MINISTRE DE LA MARINE

A Monsieur le Commandant
de la Marine, à ROUEN

« Après examen des propositions de récompenses que vous m'avez transmises sous bordereau du 29 Août 1918, au sujet de la rencontre du vapeur *Radium* (CH. LE BORGNE ET CIE) avec un sous-marin ennemi, le 10 Août 1918, j'ai l'honneur de vous faire connaître que, par décision du 22 Septembre 1918, j'ai accordé les récompenses suivantes :

CITATION A L'ORDRE DE LA BRIGADE

BRAULT, Henri, enseigne de vaisseau de 1re classe auxiliaire, La Rochelle, 59 : « Pour l'esprit de décision, les qualités manœuvrières et militaires dont il a fait preuve en réussissant pour la seconde fois à échapper à l'attaque d'un sous-marin qu'il a forcé de plonger. »

VAPEUR *Radium* (CH. LE BORGNE ET CIE) : « Pour la discipline et l'entrain dont son personnel ne cesse de faire preuve et qu'il a su montrer encore lors d'une rencontre de sous-marin, le 10 août 1918. »

Pour le Ministre et par son ordre,
*Le Chef de Service
du Personnel Militaire de la Flotte,*
Signé : FÉRAUD.

A cette occasion, le Comité de Répartition des fonds de la souscription nationale, réuni sous la présidence de M. le Vice-Amiral FOURNIER, a alloué au vapeur *Radium* une prime de 3.3oo francs en faisant remarquer que « ce bateau qui fait un rude service, s'est déjà signalé dans de précédentes rencontres ». Quelques jours après, avait lieu, à bord du vapeur *Radium*, amarré dans le Bassin aux Bois du port de Rouen, la remise de la Croix de Guerre au Capitaine BRAULT, et du témoignage de satisfaction à l'équipage. M. le Capitaine de Vaisseau CHAMONARD, Commandant de la Marine à Rouen, tint à venir, en personne, remettre cette distinction au nouveau décoré. Devant tout l'équipage assemblé sur la dunette du navire, entouré d'un piquet de marins de l'Etat, il rappela, en termes vibrants, l'intrépidité et le sang-froid du Capitaine et de son équipage dans les divers combats livrés par le *Radium* aux sous-marins allemands (dix rencontres), et plus particulièrement dans le dernier qui sauva tout le convoi dont le vapeur faisait partie, en chassant le sous-marin qui l'attaquait.

*
* *

Le *Charles-Le-Borgne*, petit vapeur de 1.5oo tonnes, sut également se faire remarquer.

Le 24 Mai 1917 dans la Manche, naviguant en convoi, le navire qui le précédait fut torpillé par un sous-marin qui voulut émerger pour juger de l'efficacité du coup, mais l'Enseigne de Vaisseau auxiliaire MOIZAN fit ouvrir le feu sur le kiosque dès qu'il apparut et obligea l'ennemi à plonger. Le Ministre de la Marine a accordé un témoignage officiel de satisfaction à cet excellent officier, et le Comité de Répartition des fonds de la souscription a alloué au vapeur *Charles-Le-Borgne*, une prime de 5oo francs.

Vers la même époque, le vapeur *Charles-Le-Borgne* se trouvait une nuit à l'embouchure de la Gironde. Soudain, dans les ténèbres, un bref commandement retentit, en français, d'avoir à quitter avant trois minutes le navire qui va être coulé. C'est un sous-marin allemand qui vient d'émerger à un mètre. Le Capitaine du *Charles-Le-Borgne* a une inspiration subite; il crie d'une voix tonnante : « Canonniers, à vos pièces. » En un clin d'œil, le sous-marin a disparu.

Une réflexion s'impose à nous au souvenir de cette simple anecdote : puisque la plus modeste canonnade du plus modeste des navires, puisque même la simple crainte de cette canonnade pouvait mettre en fuite les sous-marins allemands, comment a-t-il pu se faire que tous nos navires marchands n'aient pas été armés plus tôt, ne fût-ce que défensivement ?

Et s'ils avaient été armés pour l'offensive, quels merveilleux exploits n'aurait-on pas été fondé à attendre de ces hardis marins, descendants des corsaires fameux qui en une seule année s'emparèrent jadis de 4.000 navires ennemis !

*
* *

Quant au trois-mâts goélette *Saint-Antoine-de-Padoue,* il a eu, plus que les autres encore, sa page glorieuse.

Cet humble voilier fécampois de 500 tonnes, affecté au transport du charbon et armé seulement en vue de la défensive, naviguait le 23 avril 1917 à destination de Port-Talbot (Angleterre) de conserve avec le *Saint-Jacques,* un autre trois-mâts fécampois qui, lui, n'était pas armé. Au cours de la nuit, les deux navires perdirent le contact et ne se retrouvèrent qu'à l'aube. Ils manœuvraient pour se rejoindre, quand soudain, à 18 milles environ de la pointe de Portland, un sous-marin allemand apparut et se mit à canonner le *Saint-Jacques.* Le Capitaine RICHARD qui commande le *Saint-Antoine-de-Padoue,* est dénué d'armement pour l'offensive, mais, fidèle au vieux sang des corsaires qui ne s'est pas refroidi dans les veines de nos marins normands, il ouvre le feu, crânement, sur l'agresseur qui se hâte d'envoyer encore deux obus au *Saint-Jacques,* puis disparaît sans même répondre au canon du *Saint-Antoine*. Les deux capitaines se rendent compte que, malgré ses avaries, le *Saint-Jacques* peut encore naviguer; on fait remonter à bord l'équipage déjà descendu dans les embarcations et le *Saint-Antoine* escorte son camarade blessé, jusqu'à la côte anglaise, où, sous la protection des patrouilleurs britanniques, celui-ci peut s'échouer sans accident.

Cela se passait dans la matinée du 24 avril; or, le 6 mai suivant, au lever du jour, le même capitaine RICHARD vient de quitter Briton-Ferry (Angleterre) sur le même *Saint-Antoine-de-Padoue*, chargé de charbon à destination de Fécamp. Il se trouve à 4 milles de terre, auprès de la baie de Saint-Yves, en compagnie de 6 voiliers anglais non armés. Soudain, le timonier découvre à la jumelle à 3 milles au N.-O., un sous-marin d'une longueur d'environ 100 mètres. Malgré l'infériorité de son armement le Capitaine RICHARD, pour sauver les 6 voiliers en donnant l'alarme aux patrouilleurs anglais qui ne sauraient être loin, ouvre le feu sur le monstre qui, au premier obus, disparaît. Un destroyer anglais arrive à toute vapeur; l'ennemi a échappé au châtiment, mais les 6 navires sont sauvés.

La Chambre de Commerce de Fécamp, dans sa séance du 1ᵉʳ juin 1917, après avoir voté à l'équipage du *Saint-Antoine* une prime de 1.000 francs (aussitôt doublée par M. CHARLES LE BORGNE), décida de demander au Gouvernement une distinction pour le Capitaine RICHARD qui, en moins de deux semaines venait de sauver d'une destruction quasi-certaine, 7 navires, des chargements attendus par nos usines de guerre et de nombreuses vies humaines.

Aux primes ci-dessus est venue s'ajouter une somme de 25.000 Fr. votée par le Comité de Répartition des fonds de la souscription ouverte par le *Journal*, en faveur des héros de la Marine Marchande.

Effectivement le Capitaine RICHARD fut décoré de la Médaille Militaire et ses matelots reçurent la Croix de Guerre.

Le 3 juillet 1917, la remise de cette prime fut effectuée à bord du voilier *Saint-Antoine-de-Padoue*, amarré au quai Sadi-Carnot. La cérémonie fut à la fois solennelle, simple et touchante : solennelle par suite de la présence des autorités, simple, puisqu'elle se passait sur le pont même du vaillant bateau, et touchante, puisqu'elle glorifiait 13 braves marins qui ont défendu et sauvé, au péril de leur vie, plusieurs voiliers français et anglais.

Dans une autre circonstance. le 12 août 1917, vers minuit, le vaillant petit navire attaqué à la mitrailleuse et au canon par un sous-marin, manœuvra si habilement et riposta si vigoureusement que l'ennemi se retira. A cette occasion, le Comité de Répartition des fonds de la souscription accorda au *Saint-Antoine*, une prime de 1.600 francs, et dans le compte-rendu de la séance du Comité (*Le Journal*, 2 décembre 1917) le Secrétaire Général, après avoir rappelé que le trois-mâts goélette *Saint-Antoine-de-Padoue*, est un « chevronné de la guerre contre les sous-marins allemands », et avoir rendu hommage à « l'héroïque Capitaine RICHARD », ajoutait : « le nom de ce bateau figurera en bonne place dans les Annales Maritimes de la grande guerre ».

Enfin, une troisième fois, le *Saint-Antoine-de-Padoue* eut à supporter l'attaque d'un sous-marin et s'en tira brillamment. Le journal *L'Illustration* en fit un récit enthousiaste dans son numéro du 28 juillet 1917, sous le titre : « UN VOILIER QUI A DU CRAN », et M. Raymond Lestonnat en conta le détail aux lecteurs de *l'Intransigeant*, à la date du 14 février 1918, en un article à la fois émouvant et humoristique, que nous ne saurions mieux faire que de reproduire :

LA GLOIRE ET LE FOYER

LE BEAU COMBAT DU « SAINT-ANTOINE »

Ceci n'est pas une fable, et c'est trop beau pour un conte.

Le Ministre de la Marine vient d'accorder un témoignage officiel de satisfaction au trois-mâts goélette *Saint-Antoine-de-Padoue*, de Fécamp, pour l'attitude énergique et disciplinée de son équipage, lors d'une attaque de sous-marin le 6 décembre 1917. Déjà le brave petit navire avait été l'objet de deux citations magnifiques en récompense de la bravoure de son équipage; la première, après deux combats soutenus avec succès, pendant la même traversée, contre des sous-marins puissamment armés, pour porter secours à toute une flotille de caboteurs anglais sans défense, qui échappèrent ainsi aux pirates. A la suite de ce brillant fait d'armes, le Capitaine RICHARD fut décoré de la Médaille Militaire et ses matelots de la Croix de guerre.

Cette fois, le *Saint-Antoine-de-Padoue* était parti de Briton-Ferry avec un chargement pour Fécamp. Il ventait jolie brise de Sud-Est; la mer était houleuse. Au petit jour, le lendemain, le vent fraîchit en hâlant le Sud. Vers neuf heures, au moment où les hommes changent le loc dont la ralingue s'est rompue, une forte détonation éclate à l'arrière et un obus, passant en sifflant à travers le gréement, tombe à deux cents mètres de l'avant du navire.

On ne s'émeut pas pour si peu sur ce bateau, vieux briscard de la Manche. En un clin d'œil, chacun est au poste de combat et les obus partent à « l'adresse » du sous-marin que l'on aperçoit à quatre mille mètres et qu'ils encadrent si bien qu'il juge prudent de plonger après un quart d'heure de canonnade. Peu de temps après, il apparaît de nouveau, plus loin sur l'arrière, et le combat recommence avec acharnement.

Le tir de l'ennemi est bien réglé; les obus pleuvent autour du voilier qui louvoie, changeant fréquemment d'amures pour dérégler le tir tout en faisant feu de ses deux canons. Le pont est arrosé d'éclats. Le canon de l'arrière est avarié et, pendant qu'on le répare sous la mitraille, le bateau est obligé de se placer dans une position désavantageuse pour continuer de se défendre avec celui de l'avant.

A midi, un projectile traverse le pont et explose

dans le poste d'équipage, occasionnant de graves avaries, et le matelot VERDIER, qui s'y trouve occupé à passer les munitions, est grièvement blessé. La canonnade continue, précipitamment; on dirait que l'ennemi est impatient de couler son héroïque adversaire, qui se défend farouchement. Tout à coup, le sous-marin plonge, ayant aperçu un avion naval accourant à tire-d'aile — si j'ose dire — au secours du voilier. Puis un patrouilleur britannique, attiré aussi par le bruit du canon, étant survenu, le sous-marin ne reparaît plus. Il est midi un quart. Pendant ce rude combat, quatre-vingts obus de 105 ont été tirés sur le voilier, qui a riposté par cent trente coups de canon.

Le *Saint-Antoine-de-Padoue*, profitant d'une belle brise du Sud-Ouest, mit le cap sur Fécamp. où il arriva sans autre incident. Après avoir débarqué sa cargaison, on entreprit les réparations des dégâts causés par les projectiles ennemis et ce fut, pour l'équipage, l'occasion de demeurer plus longtemps à terre et de s'occuper un peu de ses propres affaires.

Par un heureux hasard, cette « perm » inespérée coïncidait avec l'assemblée générale de la Ligue Maritime Française, au cours de laquelle des médailles devaient être remises aux marins s'étant distingués dans la lutte contre les sous-marins ennemis; le Capitaine RICHARD était sur la liste des lauréats et son armateur M. CHARLES LE BORGNE, en avait été avisé. Il pensa incontinent le faire venir à Paris et l'appela au téléphone.

— Allô! c'est vous, Richard?
— Oui, monsieur Le Borgne.
— Comment, ça va-t-il?
— Ça pourrait aller mieux. Les travaux n'avancent pas vite. Les avaries sont plus fortes qu'on ne croyait. On est au sec pour longtemps.
— Voulez-vous venir ici dimanche? Vous descendrez à la maison. La Ligue Maritime vous remettra une médaille en récompense de votre héroïque conduite.

— Je n'ai fait que mon devoir; n'en parlons plus.

— Le Ministre de la Marine présidera .

— Il est bien aimable.

— Le Président de la République assistera à la séance.

— Alors il y aura beaucoup de monde.

— Vous en serez?

— Non, non. Remerciez bien tous ces messieurs. mais je ne peux venir en ce moment.

— Qui vous en empêche?

— Je fais mon cidre.

L'armateur, normand de race comme son capitaine, n'insista pas. Quand un Normand fait son cidre, rien ne peut le distraire, parce que, dans ce beau et plantureux pays, le cidre est de la famille et que le foyer passe avant tout.

Et, le dimanche, pendant qu'à la Sorbonne un monsieur prononçait un discours éloquent, qu'une sociétaire de la Comédie Française disait un émouvant poème et que la musique de la garde républicaine emballait la foule par une rafale de notes guerrières, le capitaine RICHARD, en bras de chemise, dans la cour de sa maison, faisait son cidre avec un plus grand soin que d'ordinaire, parce que ce sera, il n'en doute pas, le cidre de la Victoire. »

RAYMOND LESTONNAT.

La revue mensuelle illustrée *La France Maritime* publie le tableau d'honneur des navires de commerce qui se sont distingués contre les sous-marins allemands, et elle leur décerne à chacun un diplôme. Voici en quels termes elle parlait, en juillet 1918, du *Saint-Antoine-de-Padoue* et de ses trois combats :

« 1° le 24 avril 1917, il force l'ennemi à plonger et sauve le voilier *Saint-Jacques* qui, sans armes et touché par des obus, avait été évacué par son équipage;

2° Le 12 août 1917, dans un combat de nuit, force, par son tir, un sous-marin à abandonner son attaque;

3° Le 6 décembre 1917, lutte au canon pendant plus d'une heure contre un sous-marin qui le couvre d'obus et blesse un homme. L'ennemi n'abandonne le combat qu'au moment où un hydravion anglais arrive sur les lieux. »

L'envoi du diplôme est accompagné de la note suivante :

« La revue mensuelle *La France Maritime*, est heureuse d'offrir le présent diplôme au vaillant voilier *Saint-Antoine-de-Padoue*, armateur M. CHARLES LE BORGNE, de Fécamp, en souvenir de son héroïque conduite en mer. »

*_**

La maison LE BORGNE ne s'est pas contenté de pratiquer l'armement. Elle exploite, en outre, un très gros commerce de charbons qui atteint aujourd'hui 800.000 tonnes annuellement, soit un trafic de 100 millions environ pour cette branche seulement.

Elle est l'une des trois maisons exclusivement françaises possédant un comptoir de charbons en Angleterre, à Cardiff, avec agences à Newcastle, Swansea et Glasgow, d'où elle exporte dans le monde entier.

Tant pour l'armement que pour les charbons, M. CHARLES LE BORGNE a créé des succursales à Fécamp, Saint-Malo, Saint-Servan, Granville, Nantes. Dans chacune de ces places, il occupe une situation prépondérante.

A Saint-Servan, il a créé une vaste usine d'agglomérés de houille (briquettes et boulets) dont les produits sont livrés non seulement aux industriels de la région, mais encore aux Chemins de fer de l'Etat, aux Compagnies de Navigation et sont exportés jusque dans l'Afrique Occidentale. Il en a créé également à Nantes et Saint-Malo. Ces trois usines réunies produisent mille tonnes d'agglomérés par jour.

Il a installé des concassages et criblages mécaniques de charbon dans les succursales de Saint-Servan, Saint-Malo et Nantes.

Il n'hésita pas non plus à ajouter à son commerce de charbons celui des bois de chauffage et, aujourd'hui, on peut dire que toutes les Administrations parisiennes sont ses clients.

A Granville, pour donner un essor plus important à cette succursale, il décida d'importer les bois du Nord et de construire une scierie mécanique du type le plus moderne.

Tout récemment encore, il prenait la résolution d'installer une succursale à Rouen avec une usine à briquettes et à boulets; cette usine est actuellement en voie de construction; il obtint les terrains nécessaires sur les quais, malgré de nombreux et puissants concurrents.

Il exploite dans le Midi de la France une saline et il fournit aux pêcheurs des ports du nord, depuis Boulogne jusqu'à Paimpol, le sel nécessaire au salage du poisson.

A Pelotas (Brésil) une nouvelle succursale a été récemment ouverte.

Les chantiers créés tant à Paris que dans sa périphérie, et dans lesquels peuvent être entreposés plus de 13o.ooo tonnes de charbons, sont les suivants :

28, Rue Vaneau,
Gare de La Chapelle,
Saint-Ouen les Docks
Magasins Généraux d'Aubervilliers,
Gare de Vaugirard,
Gare des Batignolles,
Quai Debilly,
Versailles,
Bas-Meudon,

ce qui a permis à la maison Le Borgne d'obtenir la fourniture de tous les Ministères et de toutes les grosses industries de Paris et de la région.

C'est dire quelle est l'importance de cette Société

qui, depuis sa création, n'a cessé de prendre une extension et un développement progressifs, dûs non seulement à la façon habile dont elle a été menée par ses propriétaires successifs, mais encore et surtout à la réputation de loyauté et d'honorabilité qu'elle s'est justement acquise depuis deux siècles, et qui la met hors de pair pour toutes les branches de commerce et d'industrie dont elle s'occupe.

Les différents membres de la famille LE BORGNE ont tenu et tiennent avant tout à faire des affaires d'une irréprochable correction; ils ont toujours eu le souci de leur réputation plus que de leurs intérêts et le personnel de leurs maisons, depuis le plus grand chef jusqu'au dernier employé, a toujours reçu des instructions en vue d'agir dans le même sens.

*
* *

Malgré les difficultés inhérentes à l'époque que nous traversons, M. CHARLES LE BORGNE a tenu la main à ce qu'il en fût encore ainsi, et il a la satisfaction de se dire qu'il a réussi autant qu'il était possible.

Depuis la guerre, la maison CHARLES LE BORGNE peut se rendre la justice qu'elle a fait tout ce qui dépendait d'elle pour rendre service tant à la Défense Nationale qu'à l'Etat et au grand public; elle a multiplié son activité, agrandi et augmenté encore son champ d'action, développé ses achats afin de satisfaire aux besoins chaque jour plus pressants des consommateurs de charbon et plus particulièrement de ceux dont les usines étaient employées à des travaux en vue de la Défense Nationale. C'est ainsi qu'elle a créé ses nouveaux chantiers à Paris, sa succursale toute nouvelle et très importante à Nantes avec une usine pour la fabrication des briquettes; qu'elle a acheté à Saint-Malo une forte maison dont le propriétaire était décédé et qui aurait pu, par suite de ce décès, cesser son commerce. C'est ainsi encore que M. LE BORGNE a affecté au service des Transports des charbons, des bateaux qu'il armait habituellement pour la pêche, concentrant tous ses efforts en vue de faciliter l'approvisionnement du pays.

La maison LE BORGNE, peut, d'ailleurs, bien légitimement s'enorgueillir des marques d'estime qu'elle a, maintes fois, recueillies. Plus spécialement, ces appréciations flatteuses se sont produites lorsqu'elle a, en 1917-1918, sollicité une concession dans le port de Rouen, concession qui lui a été accordée, malgré une puissante concurrence. Cette concession ayant été mise au concours, la maison LE BORGNE avait, entre autres multiples pièces à fournir à l'appui de sa candidature, à produire au service des Ponts-et-Chaussées « toutes justifications sur la capacité professionnelle et financière de l'intéressé. »

Cette production a été faite et comprenait les certificats délivrés tant par les ingénieurs en chef avec lesquels la Société avait eu l'occasion de collaborer, que par les Présidents des Chambres de commerce des ports dans lesquels elle a des succursales. Et la maison LE BORGNE peut jalousement conserver dans ses archives la copie de ces documents, car ce n'est plus là un dossier administratif, c'est pour elle un véritable LIVRE D'OR dont elle a le droit d'être fière.

On en jugera, au surplus, par les quelques attestations ci-après qu'il nous paraît intéressant de reproduire :

CHAMBRE DE COMMERCE
DE FÉCAMP   FÉCAMP, le 30 octobre 1917.

—

« La Maison CH. LE BORGNE ET CIE, qui existe à Fécamp, de père en fils, depuis près de deux siècles, est la plus importante du pays pour le commerce des charbons, et ses navires armés à la pêche et au cabotage, n'ont cessé de faire flotter sur nos mers le pavillon français, depuis cette époque lointaine.

« L'un des Chefs, CHARLES LE BORGNE aîné, a été par deux fois Président du Tribunal de Commerce de

Fécamp; M. Augustin Le Borgne, prédécesseur du Chef actuel de la Maison, était membre de notre Compagnie et est resté Maire de Fécamp pendant près de vingt ans; enfin, le titulaire actuel est depuis de longues années déjà, membre de notre Chambre de Commerce; c'est lui qui a su donner à cette Maison son plus grand développement et qui a créé, tant en Angleterre qu'en France, avec ses seuls capitaux, les diverses succursales qui sont actuellement en pleine prospérité.

« J'estime que la maison Charles Le Borgne et Cie a sa place marquée dans tous les grands ports de France, et la Chambre de Commerce, qui a pour elle la plus vive estime, ne pourra que voir avec plaisir cette Maison continuer à participer à la prospérité du pays, en établissant de nouvelles Succursales pour l'approvisionnement en charbon de notre population civile et industrielle. »

Le Président de la Chambre de Commerce,
Signé : C. Dubosc.

CHAMBRE DE COMMERCE

DE GRANVILLE   GRANVILLE, le 12 novembre 1917.

—

« Je connais personnellement M. Charles Le Borgne, depuis de très longues années, et j'ai pour lui la plus cordiale estime; c'est un négociant actif, entreprenant, et qui a su donner à ses affaires un grand essor : la maison Le Borgne a donné à sa succursale de Granville tout le développement compatible avec les ressources du port, elle a adjoint à ses entreprises de charbons, le commerce du bois du Nord, et a créé une scierie mécanique en pleine prospérité. La Maison Charles Le Borgne et Cie, a toujours entretenu avec la Chambre de Commerce de Granville les relations les plus aimables, et je la sais en mesure de mener à bien toutes les entreprises qu'elle croira devoir y adjoindre; c'est d'ailleurs une habitude dont je la félicite de chercher à prendre une des premières places partout où elle s'établit, et en général d'y réussir. »

Le Président de la Chambre de Commerce,

Signé : RIOTTEAU.

Sénateur, Conseiller Général pour le canton de Granville.

RÉPUBLIQUE FRANÇAISE
VILLE DE PARIS
(8ᵉ ARRONDISSEMENT)
Cabinet du Maire   PARIS, le 16 novembre 1917.

—

« J'apprends que la Maison CHARLES LE BORGNE, 14, rue La Boëtie, sollicite une concession à Rouen, dans le but de ravitailler la population parisienne en charbons et agglomérés, par les voies les plus rapides.

« Je me fais un devoir d'appuyer chaleureusement cette demande.

« Depuis que la Maison CHARLES LE BORGNE est installée dans mon arrondissement. c'est-à-dire depuis l'année 1911, j'ai pu personnellement, apprécier les services rendus par cette vieille et puissante Maison, *particulièrement depuis la guerre*, et je rends hommage aux efforts considérables et persévérants qu'elle a accomplis pour parer, dans une large mesure, à la crise du combustible qui a sévi si cruellement sur la population.

« Enfin, je ne dois pas oublier que la Maison CHARLES LE BORGNE, durant la période la plus aiguë de la crise, a mis avec empressement à ma disposition et à titre gratuit, un important stock de charbon destiné à la population pauvre de mon arrondissement.

« Je verrais donc dans l'octroi de la concession sollicitée, un moyen de ravitailler Paris en combustible, par une Maison ayant déjà dans la capitale de nombreux chantiers, et qui a donné des preuves évidentes de ses puissants moyens d'action. »

Le Maire,

Signé : MARÉCHAL.

DÉPARTEMENT D'ILLE-ET-VILAINE

—

PONTS ET CHAUSSÉES

—

Service maritime   RENNES, le 27 octobre 1917.

—

« Je soussigné, L. Corbeaux, Ingénieur en Chef des Ponts et Chaussées à Rennes, certifie ce qui suit :

« MM. Ch. Le Borgne et Cie sont parmi les Négociants-Importateurs de charbon du port de Saint-Malo-Saint-Servan, ceux qui importent le plus gros tonnage. Ils sont installés dans le pays depuis trente ans, et n'ont cessé d'accroître et de développer leur industrie.

« Ils possèdent actuellement :

1° *à Saint-Malo* :

7 grues à vapeur sur les quais pour les déchargements des navires;

1 usine d'agglomérés, briquettes et boulets, avec

1 criblage mécanique pour le charbon;

1 atelier de constructions et de réparations.

2° *à Saint-Servan* :

5 grues à vapeur sur les quais;

1 usine de briquettes et boulets avec lavoir;

1 installation pour le concassage d'anthracites;

1 criblage mécanique pour les autres charbons;

des installations annexes très bien comprises, pour l'approvisionnement automatique des usines;

1 atelier de construction et de réparations.

« En un mot un outillage perfectionné à grand rendement pour la réception, la transformation et la réexpédition des charbons.

« La production des usines d'agglomérés est de 800 tonnes par jour, et celle du concassage d'anthracite de 300 tonnes.

« Le tonnage manutentionné par cette Maison, tant pour elle-même que pour des tiers. atteint actuellement près de 500.000 tonnes par an, sur un total de 800.000 tonnes reçues par le port de Saint-Malo-Saint-Servan.

« La Maison CH. LE BORGNE ET CIE a grandement contribué à donner à ce port une activité qui le classe parmi les premiers pour la vitesse de déchargement, et une réputation telle que les frêts pour Saint-Malo-Saint-Servan ont été lors de l'établissement de la taxe, les plus réduits de tous les ports français.

« Je suis heureux d'ajouter que je n'ai eu qu'à me louer des relations que j'ai entretenues avec cette Maison, et que depuis le commencement de la guerre notamment, cette dernière n'a cessé de se mettre à la disposition de l'Administration pour faciliter la manutention des marchandises diverses : blé, macadam, minerai, tôles, etc...

« C'est en résumé une puissante entreprise, animée d'un très grand esprit d'initiative, et il serait à désirer que nous eussions en France de nombreuses Maisons de ce genre. »

Signé : CORBEAUX.

DÉPARTEMENT DE LA LOIRE-INFÉRIEURE

—

PORT DE NANTES ET PONTS ET CHAUSSÉES

—

Cabinet de l'ingénieur en chef

—

« Le Lieutenant-Colonel KAUFFMANN, Ingénieur en Chef des Ponts et Chaussées de Nantes, Chef d'exploitation du Port, certifie que MM. CHARLES LE BORGNE ET CIE, sont installés à Nantes comme importateurs de charbons.

« Sur les quais de Roche-Maurice, où ils jouissent d'une concession domaniale d'environ dix mille mètres carrés, ils ont monté en moins de six mois, depuis la guerre, une usine d'agglomérés de houille, ultra-moderne, fabriquant de 3oo à 4oo tonnes par jour, et marchant dans les meilleures conditions.

« J'ajoute que la Maison précitée ravitaille dans notre région nombre de Services Publics, y compris ceux de la Navigation, les Chemins de fer, etc., et que ses relations avec mon Administration ont toujours été correctes.

« Je considère que la Maison Ch. Le Borgne et Cie, susceptible, étant donnés les moyens dont elle dispose, ainsi que l'activité et l'initiative dont elle fait preuve, de créer et installer dans les mêmes conditions des chantiers et usines dans d'autres ports. »

Nantes, le 8 novembre 1917.

Signé : Kauffmann.

CHAMBRE DE COMMERCE
DE NANTES

—

« Le Président de la Chambre de Commerce, soussigné, atteste que la Maison Charles Le Borgne et Cie est installée à Nantes depuis cinq ans, et qu'elle n'a cessé de se développer en montrant une initiative rare et faisant preuve des meilleures conceptions industrielles et commerciales.

« Elle a établi sur les quais de Roche-Maurice des chantiers bien outillés, une usine d'agglomérés (briquettes et boulets), très perfectionnée, des installations pour le criblage mécanique des charbons et de nombreuses voies permettant d'intensifier son tonnage.

« La Maison Charles Le Borgne et Cie a donc contribué pour une part très appréciable au développement du trafic de notre port, et, depuis la guerre, à l'approvisionnement national en charbons. Aussi, la Chambre de Commerce prenant en considération la compétence commerciale et l'activité de cette Maison, l'a-t-elle chargée des opérations d'approvisionnement, de réception et de livraison des charbons destinés aux consommateurs du Groupement de la Chambre de Commerce, opérations que MM. Charles Le Borgne et Cie effectuent à notre entière satisfaction. »

Nantes, le 7 novembre 1917.

Le Président de la Chambre de Commerce.

Signé : Cormerais.

CHAMBRE DE COMMERCE
DE RENNES   RENNES, le 4 décembre 1917.
—

« Je soussigné, Charles Oberthur, Président de
la Chambre de Commerce de Rennes, Membre du
Conseil Supérieur du Travail, Président du Conseil
d'Administration de la Société Anonyme des Impri-
meries Oberthur, Chevalier de la Légion d'Honneur,
Lauréat de l'Académie des Sciences, etc., certifie que
la Maison Charles Le Borgne, Importateur de charbons à Saint-Servan (Ille-et-Vilaine), a rendu à toute
la population industrielle, commerciale et civile de la
circonscription de la Chambre de Commerce de Rennes
(arrondissements de Rennes, Vitré, Redon et Mont-
fort-sur-Meu), les plus signalés et inappréciables services, en fournissant avec une régularité et une obli-
geance qui ne se sont jamais démenties, le combustible
nécessaire à nos usines et à nos foyers domestiques.

« De plus, il est à ma connaissance que la Maison
Le Borgne n'a pas recherché à profiter des circons-
tances pour réaliser des bénéfices abusifs et exagérés.

« Je puis affirmer que pour toutes les opérations
dont la Chambre de Commerce de Rennes a pu effec-
tuer le contrôle — et elles sont très nombreuses — la
Maison Charles Le Borgne a toujours maintenu les
prix les plus modérés, eu égard aux conditions résul-
tant de la guerre.

« En particulier, je puis certifier que, depuis l'établissement de la taxe, en août 1916, et jusqu'à ce jour,
le charbon a toujours été fourni par la Maison
Le Borgne à tous les consommateurs que la Chambre
de Commerce de Rennes est officiellement chargée
d'approvisionner, strictement au prix de la taxe.

« Nous pouvons dire que, grâce à la Maison
Le Borgne, dans notre circonscription, nos usines
ont souffert aussi peu que possible du manque de combustible. Les chômages ont été rares et courts, par la
faute du charbon.

« Aussi, comptons-nous, pour l'avenir, sur la

Maison Le Borgne, pour nous permettre de maintenir l'activité industrielle dans notre circonscription, pour donner à nos foyers domestiques le combustible nécessaire en vue d'éviter les souffrances du froid.

« Nous n'avons tous qu'un désir, c'est que la Maison Le Borgne continue à nous approvisionner, comme elle l'a déjà fait depuis le commencement de la guerre, et notamment depuis août 1916, *ne varietur.*

« Le service se fait aussi bien que possible dans les conditions actuelles, pour toutes les usines que la Chambre de Commerce de Rennes a reçu mission d'approvisionner. La satisfaction est unanime, les prix modérés, et nous ne pouvons que désirer le maintien du présent état des choses, sans qu'aucun changement y soit apporté. »

Signé : Charles Oberthur.

CHAMBRE DE COMMERCE

DE SAINT-MALO   SAINT-MALO, 30 octobre 1917.

« Le Président de la Chambre de commerce de Saint-Malo, soussigné, déclare que la Maison Ch. Le Borgne et Cie, occupe la première place dans ce port comme importation de charbons et de commerce en général.

« Elle possède dans cette localité deux puissantes usines d'agglomérés, 12 grues à vapeur et un outillage qu'elle maintient à la hauteur des derniers progrès.

« Elle a puissamment aidé à la prospérité de ce port.

« Par leur compétence et leur esprit d'initiative, ses directeurs ont su en faire la première maison du pays. Aussi notre Compagnie estime-t-elle qu'il y a lieu d'aider et d'attirer dans un port une maison de cette importance, persuadée qu'elle n'hésiterait devant aucun sacrifice pour développer ses affaires. »

Le Président,
Signé : Poulain.

CHAMBRE DE COMMERCE
DE FOUGÈRES   FOUGÈRES, 4 décembre 1917.
—

« Je certifie que depuis l'établissement de la taxe sur les charbons, jusqu'à ce jour, la maison CH. LE BORGNE ET CIE a toujours fourni dans ma circonscription les charbons au prix de la taxe, aussi bien aux consommateurs qu'aux marchands.

« J'ajoute qu'elle alimente la plus grande partie de la région, et que sur les 118 rames de la Chambre de Commerce chargées depuis le début de l'année, elle en a fourni 111 rames.

« Il serait bien préjudiciable à l'intérêt général que cette maison fût empêchée de fournir sa clientèle comme elle l'a fait jusqu'ici. »

Le Président de la Chambre de Commerce de Fougères,

Signé : TREHU.

MAIRIE DE SAINT-CLOUD
(SEINE-ET-OISE)   RÉPUBLIQUE FRANÇAISE
—

« Nous soussigné, Maire de Saint-Cloud, certifions que MM. LE BORGNE ET CIE, demeurant à Paris, 14, rue La Boëtie, sont les fournisseurs de la ville de Saint-Cloud, et cela à notre entière satisfaction. De plus, depuis la guerre, ils ont toujours ravitaillé par leurs chantiers du Bas-Meudon, d'une façon parfaite, les Services municipaux, les Hospices et les Écoles, et nous avons toujours pu faire appel à leur bonne volonté, même dans les moments les plus critiques.

« En foi de quoi nous avons délivré le présent pour servir et valoir ce que de raison. »

Saint-Cloud. le 2 novembre 1917.

Le Maire,

Signé : H. DUJARDIN.

CHAMBRE DE COMMERCE
DE LAVAL   LAVAL, le 4 décembre 1917.

« La Chambre de Commerce de Laval et de la Mayenne, certifie que depuis l'établissement de la taxe, en août 1916, jusqu'à ce jour, la maison LE BORGNE ET CIE a toujours fourni aux consommateurs de notre région le charbon au prix de la taxe.

« La Chambre de Commerce ajoute que c'est grâce à l'initiative et à l'activité de la Maison LE BORGNE que notre région a pu traverser la crise du charbon, sans trop de dommages, et elle insiste vivement pour que des vapeurs anglais soient laissés à la disposition de cette maison. »

Pour le Président,
Le Secrétaire Délégué :
Signé : A. MASSERON.

PRÉFECTURE DE SEINE-ET-OISE

« Le Préfet de Seine-et-Oise certifie que MM. CHARLES LE BORGNE ET CIE, importateurs de charbons 14, rue La Boëtie, à Paris, possèdent en Seine-et-Oise deux succursales importantes :

« L'une au Bas-Meudon, l'autre à Versailles;

« Qu'en raison de son importance, de ses relations et des moyens d'action dont elle dispose, cette Maison a rendu depuis de nombreuses années, et notamment depuis la guerre, des services appréciés pour le ravitaillement en combustible de l'arrondissement de Versailles.

« Pour les motifs qui précèdent, le Préfet de Seine-et-Oise verrait de grands avantages à ce que des facilités soient données à cette Maison pour s'installer à Rouen, en vue d'assurer un meilleur ravitaillement des régions qu'elle dessert. »

Versailles, le 13 novembre 1917.
Le Préfet de Seine-et-Oise,
Signé : AUTRAND.

PONTS ET CHAUSSÉES

—

Département de la Seine-Inférieure

—

Ports Maritimes, 1re section
2e arrond.

—

Subdivision de Fécamp
et Saint-Valéry-en-Caux

—

M. Leleu, sous-ingénieur principal   FÉCAMP, le 30 octobre 1917.

« Je soussigné, Sous-Ingénieur Principal des Ponts et Chaussées à Fécamp, Chef d'Exploitation du Port, certifie que la Maison Charles Le Borgne et Cie, est la plus ancienne et la plus importante de Fécamp pour le commerce du charbon.

« Dans les fournitures qu'a faites pour le Service cette Maison, elle a toujours rempli entièrement et très honorablement ses engagements, ses rapports avec le Service ont été des plus corrects. »

Signé : Jules Leleu.

PONTS ET CHAUSSÉES

—

Département de la Manche

—

M. Cordier, f. fonc.
d'ingénieur en chef principal   SAINT-LÔ, le 13 novembre 1917.

« L'Ingénieur en Chef déclare que MM. Charles Le Borgne et Cie, armateurs, ayant leur Maison Principale à Paris, 14, rue La Boëtie, ont donné à leur succursale de Granville, une extension toujours croissante pour le plus grand bien du port; que cette Maison lui a toujours donné satisfaction chaque fois qu'il a eu recours à elle. »

L'Ingénieur,
Faisant fonctions d'Ingénieur en chef P. I.
Signé : H. Cordier.

*
* *

Le succès obtenu par la Maison Le Borgne, en matière de charbons, n'est, d'ailleurs, pas le résultat du hasard, ni même de ce qu'on pourrait appeler — eu égard à l'ancienneté et à la prospérité de son entreprise commerciale — de la « vitesse acquise ». Il est le fruit naturel de sa haute compréhension de la question des charbons en général, le fruit de la réflexion, de l'initiative, et de l'adaptation aux progrès et aux exigences modernes.

Deux méthodes de vente de charbon sont en présence : la méthode allemande et la méthode anglaise.

Méthode allemande. — Les mines allemandes du Bassin de la Ruhr se sont toutes réunies en syndicats ou cartels pour la vente de leurs charbons.

On ne vend pas un charbon provenant d'une mine déterminée, mais un charbon remplissant les conditions de telle ou telle analyse réclamée par le client. les ingénieurs allemands vont, quand c'est nécessaire, chez les gros clients consommateurs, visitent leurs chaudières, donnent des conseils sur le meilleur charbon à employer, cendres, matières volatiles, etc...

Les charbons arrivent tous au même port de charge; les analyses de chaque mine sont faites journellement et les mélanges sont effectués judicieusement à l'embarquement, de telle sorte que le charbon correspond absolument à la qualité requise.

Méthode anglaise. — Les Anglais, au contraire, ne veulent connaître aucune analyse et les mines se soucient fort peu de vendre directement leur charbon autrement qu'à des exportateurs locaux, intermédiaires avec les acheteurs du continent.

Les mines vendent leurs produits sous leur nom même, et ne garantissent aucune analyse, aucune qualité. Les Anglais ont la très grande chance d'être admirablement placés pour l'exportation, mais on doit reconnaître qu'ils ne se donnent aucun mal et que, d'autre part, les acheteurs préféreront toujours un charbon répondant à leur desiderata; et, s'ils achètent des charbons anglais, c'est que la production allemande est insuffisante pour les alimenter, ou que les frais de transport sont trop élevés.

D'autre part, pour aller jusqu'au consommateur, il faut passer par les intermédiaires suivants :

1° Propriétaire de mine;
2° Exportateur anglais;
3° Armateur transporteur;
4° Importateur français;
5° Marchand en demi-gros;
6° Marchand en détail.

Chacun de ces intermédiaires prend un bénéfice et finalement aucun d'eux ne vend, la plupart du temps, aux clients, la qualité qu'ils demandent.

M. CHARLES LE BORGNE a pensé qu'il fallait savoir prendre, même chez nos ennemis, les méthodes avantageuses. C'est en s'inspirant de cette idée qu'il a cherché à résoudre le double programme de donner satisfaction aux acheteurs, au point de vue du *prix* et de la *qualité*.

En ce qui concerne le prix, il tend à supprimer tous les intermédiaires. Il achète le charbon à la mine et se charge lui-même de l'embarquement, du transport, de la réception en France, de la transformation des charbons (usines à briquettes, à boulets, concassage d'anthracites), de la vente directe au consommateur, par ses installations dans les principaux ports de France et au cœur même du pays, à Paris.

Les mines, comme nous l'avons dit, expédient leur charbon tel quel, bon ou mauvais. M. CHARLES LE BORGNE a installé au pays de production, tous les laboratoires nécessaires les plus perfectionnés. Chaque jour, les divers charbons arrivant sur les quais dans les ports du Pays de Galles, sont analysés par lui, de sorte qu'il connaît exactement la qualité de presque toutes les mines, au fur et à mesure de l'extraction des charbons ; il sait ce qui convient à la clientèle et peut faire à l'embarquement même les mélanges nécessaires tels qu'ils sont pratiqués en Allemagne.

Dans les grands ports de réception, tels que Rouen, Nantes, Saint-Malo, Saint-Servan, etc., d'autres laboratoires sont installés et les analyses sont faites sur les charbons arrivant chaque jour et les houilles sont agglomérées, permettant de fabriquer un produit répondant à toutes les conditions des cahiers des charges des grosses compagnies de chemins de fer, de navigation ou autres. Cette méthode est certainement celle de l'avenir et le premier qui progressera dans cette voie en récoltera tous les avantages.

De plus, les importateurs français n'ont eu, jusqu'à présent, qu'une trop grande tendance à se laisser pénétrer par les étrangers.

Recherchons les concessions accordées sur les quais de nos grands ports, et nous trouverons qu'une bonne partie a été donnée à des étrangers.

M. CHARLES LE BORGNE a voulu, dans un but patriotique en même temps que dans un but commercial, réagir contre cette tendance fâcheuse et il est un des très rares importateurs français qui ait été s'installer au centre même de la production, bénéficiant ainsi des prix les plus réduits en même temps que des facilités d'approvisionnement en supprimant les intermédiaires. Il a réussi à créer l'unité de direction qui permet de réaliser toutes les économies possibles et notamment à donner à ses vapeurs le maximum de célérité. Les vapeurs sont chargés en quelques heures en Angleterre, et souvent déchargés aussi dans la même journée en France, de telle sorte qu'on a vu fréquemment un vapeur type *Charles Le Borgne*, portant 1.5oo tonnes, faire jusqu'à cinq voyages aller et retour, par mois, de Cardiff sur la France.

*
** *

La maison LE BORGNE n'est pas de celles qui s'attardent dans la satisfaction des progrès accomplis ou des succès obtenus. Le *statu quo* n'est pas dans sa manière, et partant du principe que « *Qui n'avance pas recule* », elle veut toujours avancer, c'est-à-dire progresser et s'améliorer.

C'est pourquoi elle a acquis un certain nombre de navires dont il a déjà été fait mention ; et c'est pourquoi cette flotille, battant exclusivement pavillon français, va être encore très considérablement augmentée après la cessation des hostilités.

Pour compléter cette organisation, M. Charles Le Borgne compte acquérir des chalands et des péniches ainsi que des remorqueurs, en vue de transporter des divers ports et plus spécialement de Rouen, à Paris, ses charbons, briquettes et boulets, ces derniers étant préparés dans ses propres usines. En sorte que, à partir de l'achat à la mine en Angleterre jusqu'à la livraison au consommateur, le charbon sera transporté, transformé et manutentionné par la même maison, exclusivement française, et dont les capitaux comme les bénéfices resteront en France.

C'est, d'ailleurs, plus spécialement en prévision de la réalisation de ce plan de grande envergure que M. Charles Le Borgne, sacrifiant aux usages commerciaux modernes, a été amené à adopter pour sa Société la forme anonyme, qui lui a paru la plus indiquée pour étendre son industrie au delà des possibilités forcément limitées d'une entreprise personnelle ou familiale, en même temps qu'elle lui a paru la plus propice à consolider encore, si possible, la maison de commerce que lui ont léguée ses aïeux, et à en assurer après lui la continuation.

M. Charles Le Borgne n'en abandonnera certes pas pour cela la direction de cette maison qui lui est si chère. Il sera, sans doute, dans un temps plus ou moins prochain, aidé dans cette tâche par le concours de son gendre. M. Jacques Joubert, et, quelles que soient la verdeur et l'activité étonnantes du chef actuel de la maison, l'apport de ce sang nouveau viendra encore renforcer et vivifier l'entreprise des Le Borgne, et lui faciliter sa haute destinée.

Mlle Geneviève Le Borgne a, en effet, épousé, le

27 janvier dernier, le Capitaine d'artillerie Joubert, fils du Général Joubert, Commandeur de la Légion d'Honneur, ancien professeur à Saint-Cyr, qui, au début de cette guerre, entra le premier à la tête de sa brigade dans la ville de Thann, puis, pendant de longs mois, commanda du côté de Béthune, dans un secteur particulièrement dangereux, en liaison étroite avec les Anglais.

Ajoutons que l'un des témoins du mariage était le Général Cornille, Grand-Croix de la Légion d'Honneur, ancien commandant de l'Ecole Polytechnique, qui a si brillamment commandé le 17ᵉ Corps au cours de cette guerre et que la bénédiction nuptiale fut donnée par Monseigneur Ginisty, évêque de Verdun qui fit en ces termes, particulièrement heureux, l'éloge des deux familles :

> « Mademoiselle,
>
> « Mon Capitaine,

« C'est la guerre et ses surprises providentielles qui me valent l'honneur et la joie de bénir votre union. Vous avez pensé que l'évêque des soldats et de la ville glorieuse de Verdun était tout désigné pour présider à l'union matrimoniale de Mˡˡᵉ Ginette Le Borgne et du Capitaine Jacques Joubert, de la fille du grand armateur et du fils d'un général, un fils qui a suivi les traces de son père, puisque, mon Capitaine, vous avez obtenu vos trois galons à 22 ans. après avoir eu deux blessures et quatre citations, après avoir commandé une batterie de 75 pendant plus de deux ans et demi, en participant aux grosses affaires du front, et après avoir montré dans l'exercice de ce commandement délicat, une maturité de jugement, un sang-froid peu ordinaire et un ascendant remarquable sur vos inférieurs. Ah! cher officier, si vous saviez tout le bien qu'on pense de vous, et dont l'écho est parvenu jusqu'à moi, vous auriez moins de vanité que d'appréhension, vous demandant comment vous pourrez soutenir une telle opinion et témoigner assez de reconnaissance à ceux qui vous ont fait ce que vous êtes et vous ont tant donné.

. . . .

. . . .

. . . .

Et la France, jeunes époux, la France meurtrie qui pleure tant de fils, la France qui a failli périr des divisions intestines, des égoïsmes meurtriers, et des foyers vides, la France qui veut revivre, après avoir passé par les affres d'une agonie, vous demande de la servir dans la paix, comme vous l'avez servie dans la guerre, avec le même élan, la même compréhension du devoir, le même esprit de sacrifice. »

. . . .

. . . .

. . . .

De la charmante allocution prononcée la veille à l'occasion de ce mariage, par M. DRUCKER, Maire-Adjoint du VIII° arrondissement, nous extrayons les quelques passages suivants :

« ... Je considère comme une bonne fortune de me voir appelé à unir par ce mariage deux familles comme les vôtres.

« De telles familles sont l'honneur et la parure d'un pays. Plus particulièrement celles dont vous êtes issus l'un et l'autre, personnifient magnifiquement les qualités les plus caractéristiques de notre race : l'honneur, la droiture, la générosité et par-dessus tout le culte de la patrie uni au labeur le plus intelligent, au sens des affaires et au goût des choses de l'esprit. »

. . . .

« En 1898, Madame, dans une cérémonie imposante, à l'occasion de son cinquantenaire commercial, la ville de Fécamp fêtait en votre grand-père, son ancien maire, chevalier de la Légion d'Honneur et membre de sa Chambre de commerce.

« Depuis lors, votre père, M. CHARLES LE BORGNE, d'abord associé avec son père et avec son frère, a pris seul la direction effective de l'entreprise séculaire qu'il a transformée et agrandie. Par son esprit d'initiative, par l'application d'idées nouvelles et de méthodes originales et modernes, il a fait de cette entreprise l'une des maisons d'armement et d'importation les plus puissantes de France.

« Son but essentiel a été de chercher à nous affranchir de la tutelle un peu humiliante où nos Alliés les Anglais, nous ont tenus dans le passé, au point de vue du combustible. Il est en train d'y réussir, et il n'est pas exagéré de dire que M. Charles Le Borgne est au premier rang des hommes d'intelligence et de cœur aux vues fécondes et généreuses dont ce pays est en droit d'attendre, avec le maintien de la paix sociale, le relèvement économique sans lequel la victoire militaire serait sans fruits et sans lendemain. »

. . . .

. . . .

. . . .

« Pour vous, Monsieur, la guerre vous a trouvé achevant votre première année à l'Ecole Polytechnique où votre frère se prépare à entrer. A 22 ans 1/2, vous étiez capitaine, et certainement l'un des plus jeunes de votre grade dans l'armée française. Aujourd'hui, vous voilà chef de groupe et le troisième en grade dans une formation qui ne compte pas moins de 5o officiers.

« Quatre citations toutes plus belles les unes que les autres, disent mieux que je ne saurais le faire, la façon dont vous avez rempli votre devoir. Et je ne serai pas contredit par la gracieuse jeune fille qui vous a choisi, si j'ajoute que, travailleur assidu, chef énergique et intrépide, vous avez en outre un cœur droit, plein de vraie jeunesse, de gaîté et de franchise. »

*
* *

En sortant de la mairie du VIIIe arrondissement, après la cérémonie du mariage, M. et Mme Joubert, accompagnés du Général Joubert, de M. Charles Le Borgne, du Général Cornille, de M. Augustin

LE BORGNE et du Colonel ESCUDIER, se rendirent au siège de la maison LE BORGNE, 14, rue La Boëtie.

Les employés de la maison au grand complet — et ils sont nombreux! — suspendant momentanément leurs travaux, les y attendaient pour les fêter et les complimenter. On peut dire que ce fut vraiment une touchante fête de famille, et le Capitaine JOUBERT put se convaincre, — s'il les ignorait jusqu'alors, — du dévouement et du respectueux attachement que tout le personnel de la maison CHARLES LE BORGNE porte à son Chef. Ces sentiments, ainsi que les meilleurs compliments aux nouveaux époux, furent, d'ailleurs, exprimés, en termes heureux autant que sincères, par les divers Chefs de service, au nom de tous. Chacun défila devant M. CHARLES LE BORGNE et devant M. et Mme JOUBERT, et les poignées de main elles-mêmes furent éloquentes. Une superbe gerbe de fleurs fut offerte à Mme JOUBERT, ainsi qu'un écrin contenant un souvenir à l'achat duquel chacun, du premier au dernier employé, avait tenu à participer. Le Capitaine JOUBERT, en une charmante improvisation, dont la virilité n'excluait pas l'émotion, remercia tous et chacun. M. CHARLES LE BORGNE prononça, à son tour, quelques paroles parties du cœur. Le champagne pétilla dans les coupes, celles-ci s'entrechoquèrent, et l'on but à la santé des nouveaux époux, non sans croquer — n'en déplaise à M. le Ministre du Ravitaillement! — d'excellents et nombreux macarons... *et la ruche se remit au travail.*

Février 1919.

TABLE DES MATIÈRES

CET OUVRAGE, IMPRIMÉ PAR
RENÉ TANCRÈDE, A PARIS,
A ÉTÉ TIRÉ A 1.000 EXEMPLAIRES
DONT CELUI-CI EST LE NUMÉRO

DÉSACIDIFIÉ
A SABLE : 1998

www.ingramcontent.com/pod-product-compliance
Ingram Content Group UK Ltd.
Pitfield, Milton Keynes, MK11 3LW, UK
UKHW020013080726
13614UKWH00003B/1336